Liebesbriefe an Bern

%
50
%

Fernand Rausser

Liebesbriefe von

Franz Baumann
Klaus Baumgartner
Liselotte Berger
Maja Beutler
Ernst Eggimann
Rudolf von Fischer
Peter Friedli
Bernhard Furrer
Polo Hofer
Annemarie Huber
Dieter Jäggi
Eberhard W. Kornfeld
Rosmarie Kurz-Hohl
François Loeb
Bernhard Luginbühl
Paul Nizon
Adolf Ogi
Eugénie Pollak Iselin
Peter Probst
Walter Rösli
Dori Schaer-Born
Judith Stamm
Michael Stettler
Karl F. Wälchli
Fred Zaugg

an Bern

Verlag Stämpfli+Cie AG Bern

Impressum

Von diesem Buch erscheinen 25 Exemplare als numerierte Vorzugsausgabe.
Silberner Bär und Silberschliesse wurden von Othmar Zschaler eigens für diese Sonderedition geschaffen und lassen das Buch zu einer Trouvaille besonderer Art werden.
Den Handeinband besorgte nach Entwürfen von Eugen Götz-Gee Werner Hellwig von der Buchbinderei Schlatter in Bern.

ISBN 3-7272-9572-4

Gestaltung: Eugen Götz-Gee ADD, Bern
Photolithos: Art-Reprotechnik Henzi AG, Bern
Satz: Elgra AG, Bern
Gesamtherstellung: Stämpfli+Cie AG, Graphisches Unternehmen, Bern

Printed in Switzerland

Inhalt

Zu diesem Buch

Fernand Rausser
Geboren 1926. Ausbildung: Fotografen-Lehrzeit und Kunstgewerbeschule in Zürich. Gesellenjahre in Lausanne, Genf und Bern. Seit 1950 selbständiger Fotograf (Presse und Werbung). Heute PR, Bücher und Cartoons.

«**W**ir leben gut in Bern», behaupten Freunde und Bekannte von mir. Sie wägen Vor- und Nachteile ab und kommen zum Schluss, dass – alles in allem gesehen und selbst der stolze Steuersatz miteingerechnet – Bern eine lebenswerte Region ist.

Mein Verhältnis zu Bern ist anders. Es ist jenseits von Gut und Böse und entbehrt jeder Vernunft. Ich muss, um es richtig zu treffen, ein oft missbrauchtes Wort benützen: Ich liebe Bern. Wo sonst könnte ich leben? Mein Beruf hat mich oft und weit durch die Welt geführt, immer bin ich gerne zurück nach Bern, nach Hause gekommen.

Woran mag das liegen? Vielleicht an einem Erlebnis, das mich als 20jähriger stark berührt hat. Nach sechs Jahren «Exil» in der Ostschweiz kehrte unsere Familie nach Bern zurück, genau gesagt nach Bümpliz, ins elterliche Haus meines Vaters. In Frauenfeld, wo ich halbwegs zu einem erwachsenen Mann heranwuchs, wurde die Gesellschaft fein säuberlich nach Alter und sozialen Klassen geordnet. Jetzt, in Bern, wurde ich mit grosser Herzlichkeit im Freundeskreis meines Vaters aufgenommen. Unglaublich. Vor allem auch deshalb, weil diese Männer in verschiedenen Berufen und quer durch die politische Parteienlandschaft zu Hause waren. Jeder hatte seine Überzeugung, und jeder respektierte die Überzeugung des andern. Hier wurde Demokratie zelebriert. Ein Fressen für den halbbatzig revolutionären Idealisten. Wahrscheinlich hat mich dieses Wechselbad stark geprägt.

Aber, weil das Schicksal oft ungerecht spielt, kam gleich noch ein zweiter Glücksfall dazu: Anfang der fünfziger Jahre entschied ich mich, als selbständiger Fotograf zu arbeiten. Exakt zu jener Zeit, als sich unsere Wirtschaft allmählich vom Krieg erholte und sachte mit Boomen begann. So wurde ich, nach wenigen harten Jahren, von der Glückswoge mitgetragen. Ich hatte also keinen Anlass, meinen Lebensraum zu kritisieren, und war wohl deshalb lange Jahre kaum imstande, meine Heimat gerecht zu beurteilen.

Inzwischen zeigen die Berner auch mir fast ungeniert ihre weniger guten Seiten. Gottlob komme ich allmählich in das Alter, wo man nicht nur blöd, wo man auch sanftmütig wird. Ich erwarte keine Heiligen mehr in meiner Umgebung. Im Gegenteil, ich finde es gut, dass viele meiner Bekannten mit einigen unschönen Facetten behaftet, also liebenswert sind. Auch ich bin liebenswert und froh, dass man mich hier akzeptiert.

Zweifelsohne prägten mich die Jahre in Bern auch zum überzeugten Föderalisten. Ich entdeckte, dass man in dieser eigenständigen Welt, in diesem kleinen Imperium, unzählige Arten und Abarten unserer Spezies findet. Was gibt es hier nicht alles! Wir haben sowohl eine Rock-, eine Jazz-, eine Chanson-, eine Ländler- als auch eine symphonische Szene. Wir haben

Gourmet-Tempel, unzählige Tea-Rooms und sogar noch einige gemütliche Beizli. Neben mehreren Damen- und Herrenkleidergeschäften hat es sage und schreibe 135 Boutiquen. Ausserdem gibt es 50 Pedicure-, 118 Manicuresalons und 69 Ambassaden. Wir haben 19 Marionetten-, Klein-, Keller- und ein mehrstöckiges Theater sowie das eidgenössische Parlament. Was mich irritiert, sind die 237 Advokaturbüros bei nur sieben Friedhöfen. Alle auf ihre Art aktiv sind das Nottelefon bei Stresssituationen, das Atelier für freie theologische und supervisorische Praxis, die Aktion Bettwärme sowie 91 Liegenschaftshändler (Stand Mitte 1995). Bern ist wahrhaftig eine Fundgrube für jeden Geschmack.

Blättern wir weiter im Telefonbuch, so finden wir hier auch heute noch einen Einstein, je zwei Napoleone und Leonardos, je drei Schiller, Pestalozzis und Lincolns, neun Klees, elf Casanovas, vierzehn Dürrenmätter und vierzig Hodler. Auf dem Berner Humus wachsen allergattig gute Pflanzen, sogar ein mutiger Verleger, der dieses andere Buch herausgibt.

Es lag also nahe, die Vielfalt der Berner Welt darstellen zu lassen durch verschiedenartige Leute. Ich bat Persönlichkeiten, ihr Verhältnis zu Bern zu beschreiben. Es sind Frauen und Männer, die immer oder zeitweise, freiwillig oder berufeshalber in der Region Bern leben oder lebten. Ihre Briefe sollen das bunte, reiche Leben hier widerspiegeln. Einige haben mir abgesagt, meist mit der Begründung, ihr Verhältnis zu Bern sei ein gespaltenes. Ich habe Mühe mit diesem Argument. Gewiss hat jeder von uns Einwände zu seinem Bern. Nur oberflächliche Menschen kratzen nicht an der Oberfläche. Auch ich wünsche mir zum Beispiel eine lebendigere Altstadt, die nicht nur für Zahnärzte und Chefbeamte bewohnbar ist. Vielleicht auch ein wacheres Bern. Mir graust aber beim Gedanken, es hätte die lärmige Keckheit unserer übergewichtigen Tante im Osten, wo der wache Sinn fürs Business Purzelbäume schlägt. Bern macht ab und zu einen Misstritt, für Saltos ist es zu behäbig. Vielleicht auch zu klug. Sicher aber nicht zu schwach. Kräftig hält es uns umschlungen.

Mein gutes altes Bern, ich bin gerne Dein Gefangener.

Fernand Rausser

PS
Fast hätte ich es vergessen. Auch ich habe einen Liebesbrief an Bern geschrieben – mit der Kamera.
Es sind die Bilder im zweiten Teil dieses Buches. Die Porträts der Text-Autoren aber sind von Peter Friedli, dem Meister im Ablichten von Bärner Gringe.

Peter Friedli
Geboren 1925, Schulen und Studium in Bern, Ausbildung zum Arzt für allgemeine Medizin in Bern und Basel. Ehemals Chefarzt am Krankenheim Alexandra. Seit 40 Jahren Hausarzt in der Elfenau. In der Freizeit Publizist und Kunstkritiker, Aquarellmaler und Objektbildner, Porträtfotograf. Bärendräckpreis 1990, Ehrenmitglied der GSMBA.

Ich kann diese Stadt nicht mit Du anreden

All die Dächer und Fassaden! Partikel aus einem Baukasten, zusammengefügt zu einem Ganzen, in dem aber die Individualitäten nicht verlorengegangen sind. Ich kann diese Stadt nicht mit Du anreden. Sie ist keine Einheit. Jede Personifizierung wird ihrer Verschiedenartigkeit nicht gerecht. «Du Bern» orientiert sich an einem Wunschdenken, an einer Romantisierung vielleicht, bei der man nur den Kern vor Augen hat, der sich in der tektonischen Zufälligkeit einer Aareschlaufe herausgebildet hat – den Kern und vielleicht ein paar konzentrische Kreise: Schosshalde, Innere Enge, Kirchenfeld und Länggasse. Den Geist dieses Kerns hat man emporstilisiert zum Berner Geist – in Selbstüberschätzung.

Franz Baumann
Geboren 1923, aufgewachsen in Bern.
Theologiestudium.
Arbeit in Kirchgemeinden und kirchlichen Werken.
Seit zehn Jahren pensioniert.

Was ist mit den andern Dächern und Fassaden? Mit den Quartieren, die sich angesiedelt haben, eingemeindet, aufgesogen worden sind? Jene amorphe Masse verkollektivierter Einzelerscheinungen, die zum Zeichen der Urbanität wird; Gestalt gewordene Spekulation, Symbole der Machterweiterung und Anonymität. Das Stadtbild mit ausgefransten Säumen. Die Region als angefressener Kuchen. Siedlung und Zersiedlung. Das soll ein Du sein?

Die Personifizierung stammt wohl aus vergangenen Zeiten. Als der Flekken am Wellenspiel des Flusses sich zu profilieren begann; als Patriziat und Bürgertum in Selbstbewusstsein machten und ihrem Umfeld mit wachsender Arroganz zu sagen sich herausnahmen, wo Gott hocke. Mit Rückendeckung der Kirche übrigens, die sich auf einen Mann berief und beruft, der etwas ganz anderes wollte. Als die Ambitionen hochschwappten, die Bern zur Kapitale machen wollten – zur verhinderten Kapitale, wie sich herausstellte.

Damals war vielleicht noch Anlass, das Gebäudekonglomerat mit Du anzureden: Du Vaterstadt – Du Mutterstadt. Was eigentlich? Ich bin in Bern geboren. Ist Bern nun meine Vater- oder Mutterstadt? Sie hat mich ja nicht gezeugt und ernährt – nun ja, die Lebensmittel waren allemal zu bezahlen. Zur Mutter- oder Vaterstadt ist sie auch nicht geworden, als Vater und Mutter starben. Nur einen Niederlassungsausweis habe ich da erhalten. Dem Gefühl von Fremdsein, denke ich, wäre auch nicht beizukommen, wenn man Bern-Burger würde.

Dennoch habe ich hier ein Dach über dem Kopf und lebe hinter einer Fassade. Doppeldeutig, ich weiss. Und ich liebe Berns Fassaden und Dächer. Nur beschäftigt mich oft die Frage, was sich unter und hinter ihnen eigentlich alles abspielt. Wie viel Einsamkeit wäre da auszumachen, wie viel Schein-Gemeinschaft? Was wäre da zu orten an verstecktem Ränkespiel, Prestigegerangel und perfiden Eigeninteressen? Was zu entdecken an unprätentiöser Menschlichkeit und Güte, aber auch an Schein-Wohlwollen und barem Hass? Fassaden können täuschen, auch wenn sie mit Geranien geschmückt sind. Und Dächer bergen nicht nur, sie verbergen auch, solange über der Stadt noch kein Seelendetektor mit Schnüffelantenne schwebt.

Bern wird zur Zeit saniert. Öffentliche und private Gebäude erhalten ein neues Gesicht. Imagelifting, um ein berndeutsches Wort zu gebrauchen. Wie aber steht es um die Substanz dieser Stadt, um den Kern im Kerne? Ich fürchte, die meisten von uns kümmern sich längst nicht mehr darum. Das liebe, schöne Bern, dessen Abwässer so achtsam entsorgt werden!

Bern, Du bist mir, was dem Kapitän der Hafen

Klaus Baumgartner
Geboren 1937, Schulen in Herzogenbuchsee, Solothurn, Langenthal und Bern. Studium an der Universität Bern und der London School of Economics and Political Science, Abschluss als Dr. rer. pol. 1973. Mitglied der SP seit 1971. 1977–1988 Stadtrat (1987: Präsident). 1989–1992 Gemeinderat (Gesundheits- und Fürsorgedirektor der Stadt Bern). 1993 Wahl zum Stadtpräsidenten von Bern.

Bern, für mich bist Du die schönste Stadt der Welt. Ich liebe Deine Ausstrahlung, Deine Würde, Deine Menschen. Ob Wolken oder Sonnenschein, Du vermittelst Heimat und Geborgenheit. Dein Puls schlägt schneller zwar als früher, doch der Grossstadthektik hast Du Dich mit Erfolg erwehrt. So wie die Aare Dich in stillem Strom umspült, so konstant und treu gibst Du uns Schutz und Schirm. Geheimnisvolle Faszination steht über Deinen Lauben, Gassen und Hinterhöfen. Deine Brücken, Alleen und Pärke zeugen vom Ideenreichtum Deiner Erschaffer und Gestalter.

Bern, Du bist mir, was dem Kapitän der Hafen. Du winkst mir nach, wenn ich Dich verlasse, Du grüsst mich freundlich, kehre ich zu Dir zurück. Als schmucker Leuchtturm über dem Meer der Dächer weist mir der Münsterturm den Weg zur Stadt. Deine Silhouette wirkt wie ein Scherenschnitt aus Tausend-und-einer-Nacht. Einer heimeligen Stube gleich, lädst Du zum Verweilen ein.

Bern, ich schätze Deine Beständigkeit. Doch weiss ich, dass Du Dich dem Fortschritt nicht verschliesst. Denn Fortschritt heisst für Dich Entwicklung mit Mass, Wachstum zum Wohle der Menschen. Du willst Dich nicht verbetonieren lassen, sondern wohnlich sein für jung und alt. Du kämpfst wie andere Städte auch für saubere Luft und weniger Lärm. Du möchtest allseits geschätzte Bundes- und Bildungsstadt bleiben, geliebt und anerkannt über die Landesgrenzen hinaus. Du willst zu Kultur und Sport Deinen Beitrag leisten, denn hier hast Du seit je Trümpfe in der Hand. Doch ob all dem Streben willst Du weiterhin bescheiden sein. Grossspurigkeit ist nicht Dein Ziel. Bern, darum liebe ich Dich und stehe zu Dir!

Bärn, ja gärn!

Liselotte Berger
Geboren 1937, Schulen und Ausbildung in Bern und Zürich, von Kind auf Mitarbeit im Familienbetrieb (Berger Früchte und Gemüse), verschiedene Auslandsaufenthalte, seit 1971 Adjunktin von drei Berner Stadtpräsidenten.

Für mich ist das kein zufälliger Reim, sondern eine Tatsache. In Bern geboren, aufgewachsen, 25 Jahre im Dienste der Stadt, in Bern zu Hause. Das bedeutet für mich: Lebenszentrum Bern. Objektiv sehe ich Bern als die über 800jährige Zähringergründung, als Weltkulturgut, Bundes- und Kantonshauptstadt, Stadt der Brücken, Brunnen, Blumen, Bären – und Beamten. Bern darf sich sehen lassen als Stadt mit einem überdurchschnittlich farbigen, breitgefächerten kulturellen Eigenleben, als die grüne Stadt in der Aareschlaufe. Mein persönliches Bern verkörpern: Lorraine, Elfenau, Märit, Erlacherhof, Münsterportal im Sonnenglanz, Einkaufsbummel am Donnerstag abend, Blick auf den Alpenkranz von meiner Terrasse, ein Feierabendbier im Harmonie-Gärtli, ein verlorener Absatz im Kopfsteinpflaster, Bekannte treffen auf Schritt und Tritt... Sage ich Bern, meine ich auch die Menschen in Bern und unsere Sprache, ds Bärndütsch. Typisch bernisch heisst für mich «nume nid gsprängt, aber gäng hü», «servir et disparaître» oder «machs na». Als typisch bernisch betrachte ich «die Berner namens», oder Begegnungen mit Berner Persönlichkeiten, mit Originalen im wahrsten Sinne des Wortes, deren Namen ich für mich behalte. Zu meinem Bern gehören auch Geräusche: das Tram auf der Kornhausbrücke, Taubengurren und Vogelgezwitscher vor meinem Bürofenster, das Aarerauschen im Schwellenmätteli –

oder verstummte Rufe, wie «drrrr Bund», «Seeeeeva-Los» und «die feine Paterno-Orange, Madame» meines Onkels auf dem Bärenplatzmärit. Früher gehörten auch Gerüche dazu: Toblerschoggi in der Länggasse, Surchabis in der Nähe der Sauerkrautfabrik, Gräubi beim Metzger – tempi passati!

Ist das Nostalgie, verklärte Idylle, déformation professionnelle? Jein. Es gibt durchaus Eigenschaften und Entwicklungen in Bern, die mir nicht gefallen. Doch sind sie wirklich typisch bernisch, nicht auch andernorts feststellbar – eine Zeiterscheinung?

Unsere geistige und geografische Mobilität hat uns auch oberflächlicher, beeinflussbarer, gleichgültiger gemacht. Die stetig anwachsende Flut von Reizen und Eindrücken strapaziert unsere Augen, Ohren, unser Gemüt. Quantität verdrängt Qualität. Egoismus hindert uns mehr als früher, auch etwas zu tun, das nichts bringt. So mag das Bern meiner Kindheit farbiger, eigenständiger, kraftvoller, menschlicher gewesen sein. So mögen heute einzelne Laubenbögen in der Oberstadt hohl tönen, Fassaden nicht mehr zum Innenleben von Häusern passen, mag ein grosser Teil der Menschen in Bern diese Stadt nur noch benutzen, als Arbeits- oder Freizeitstätte. Doch wollen oder können wir das Zeitrad zurückdrehen, anhalten? Wir haben den Christoffelturm verloren, die scharrenden Kehrli-und-Oehler-Pferde vor und mitsamt dem alten Bahnhof, die meisten altvertrauten Familienbetriebe, die Vielfalt von Spezialgeschäften im Herzen der Stadt, die echten Altstadtbeizen, «unseren» Zibelemärit. Aber, wir haben auch Neues gewonnen: Strassenmusik, Fasnacht, das Jazzfestival, die Tanztage, verschiedene Stadtläufe, den Meret-Oppenheim-Brunnen, einen Kreiss-Saal, das Musig-Bistrot, die Dampfzentrale – viel Multikulturelles, Junges, Erfrischendes. Mehr als früher sitzen wir im Freien, in den Lauben, auf den Plätzen, im Marzili, auf der Gurtenwiese, einfach so oder bei unzähligen grossen und kleinen Festen, die im Sommer von unserer Stadt Besitz ergreifen. Etwas rücksichtslos oft, dafür mit viel Begeisterung und Lebensfreude.

Unsere Langsamkeit und sprichwörtliche Bedächtigkeit dürften schuld daran sein, dass Bern sein Gesicht behalten und einige «Gelegenheiten» verpasst hat, denen wir nicht nachtrauern müssen.

Was ich mir wünsche: Das, was wir an Bern lieben, nur hier finden, oft erst aus der Distanz erkennen, alles, was diese, unsere Stadt einmalig macht, wollen wir auch in Zukunft entwickeln, verstärken und bewahren als schöpferischen Lebensraum und Nährboden, auf dem Neues neben Altem wachsen kann, in einem Geist von Selbstvertrauen, Verantwortungsgefühl und etwas mehr Toleranz. Ein Traum? Nein, eine Lebensaufgabe!

Maja Beutler
Nach Abschluss der Dolmetscherschule in Zürich
und Studienaufenthalten in Frankreich,
England und Italien Übersetzerin in Rom.
Seit vielen Jahren Mitarbeiterin
des Schweizer Radios.
Lebt als freie Schriftstellerin in Bern.

Nachricht aus Potemkins Stadt

Nein, die Fassaden hier gähnen
nicht ohne Hinterhof,
Geranie an Geranie auch da
vorwärts marsch und geblüht,
ob Plastic ob nicht,
was zählt ist der Geist
der ächte, bitte,
Albrecht von Haller
hat nie ganz genügt, hier
das Universalgenie wurde
immerhin väterlich angelehrt
im Zurück-Buchstabieren,
häb ds Muu u dänk was d wosch;
hier braucht es den Kopf,
der unter den Lauben durchgeht, heute
und immerdar stolz
zeigen wir Fahne und sonst
hängt sie auch im Wind,
wie's menschlich ist
für ein Volk von Wirten,
welcome in the capital of Switzerland,
hier sind Sie Bodenschatz, exklusiver
Platz wird gemacht, in der Herberge
zur Teuren Heimat
wir haben gelernt aus der Wirtschaftsgeschichte,
Bad oder Dusche, das ist hier die Frage,
American Express, Visa und Travellers
lauter richtige Antworten,

The City of tourists hat keine Rechnung
offen mit der Welt,
Farbige und Papierlose mögen
bedenken, dass wir Tradition haben
servir et disparaître!,
also,
wird's bald, vorwärts, marsch,
soweit wir uns erinnern überhaupt,
hat niemand geglaubt,
dass hier ausgerechnet
das Juden-J im Pass ausgebrütet wurde,
Drachensaat in einem Kopf,
der glatt unter den Lauben durchging,
die Geranien blühten
ohne Gesicht,
Rothmund oder von Steiger,
zwei Namen, eine Sorte,
klimaanfällig, vielleicht,
soviel sei gestanden,
und dagegen Paul Klee
gehalten, der sichere Name,
please, come and visit the
world's greatest Klee collection in our museum,
ach, geschenkt, das Erbe
des Malers, der unsere Sprache sprach
von kleinauf und doch, und doch
nie ganz genügte hier,
immerhin haben wir ihn kaum
ein paar Tage nach seinem Tod
eingebürgert.

Auf dem Rathaus weht die Berner Fahne

Von Bern aus gesehen, liegt Langnau sehr weit weg, aber von Langnau ist man rasch in Bern. Die Schnellzüge benötigen eine halbe Stunde, und nun haben wir sogar S-Bahn-Anschluss. Ich kann mir also sehr gut vorstellen, dass auch ich in der Agglomeration von Bern wohne. Und von dort bin ich ja auch als Grossrat gewählt worden: Bern-Land heisst der Wahlbezirk, der die umgebenden Gemeinden der Stadt umfasst.

Es ist schön, während der Sessionen regelmässig nach Bern zu kommen. Schon die Einfahrt hat etwas Erhebendes: Der Brückenkopf mit der Gewerbeschule von Brechbühler, die einen daran erinnert, dass die Berner dann und wann auch etwas Kühnes wagen können, die Aare und die Berge dahinter, die Münsterspitze und selbstverständlich das Rathaus mit der wegen uns schon erwartungsvoll flatternden grossen Berner Fahne. Die Ouvertüre ist eindrücklich, jedesmal wieder. Dann bleibt mir genügend Zeit, zu Fuss zum Rathaus hinunterzugehen. Bern ist immer noch eine gemütliche Stadt, und es wäre wichtig, dass gerade seine Grossrätinnen und Grossräte sich würdig bewegen würden. Das ist leider nicht mehr der Fall. Was ein richtiger Politiker sein will – von einer richtigen Politikerin gar nicht zu reden –, muss ständig in Eile sein. Das Rathaus hat eine steile, aber eindrückliche Freitreppe. Schade, dass sie nicht mehr benutzt wird. Hier könnten die vom Volk Gewählten ernst und dem Volk sichtbar jeden Morgen zum Rathaussaal hinaufsteigen, die Rechten von rechts und die Linken von links. Heute rennen alle die Innentreppe hinauf, das gehört sich so, man muss seine Energie täglich unter Beweis stellen. Die Ratsherren von früher hatten das nicht nötig. Amt und Geburt legitimierten sie genügend, und gewählt haben sie sich selbst.

Wenn ich für die Ratssessionen nach Bern komme, versuche ich immer wieder, diese schöne Stadt bewusst zu geniessen. Das kann man nur, wenn man sich eine gewisse bernische Langsamkeit erlaubt. Wie gesagt, unter Politikern ist sie nicht mehr gefragt, je höher einer kommt, desto weniger Zeit hat er, und auch im Rathaus beginnen viele ein Natel herumzutragen und möglichst oft zu benützen, damit ja alle sehen, wie gefragt und gehetzt sie sind. Ich habe mir angewöhnt, vormittags und nachmittags eine Pause einzulegen. Die andern verwenden sie zum Kaffeetrinken, ich aber wandere in der Altstadt herum, hole mir frische Luft und Bewegung. Da bietet sich selbstverständlich bei schönem Wetter die Münsterplattform an, die neben dem Jüngsten Gericht ein wenig ans Paradies erinnert. Hier gibt es sie noch, die bernische Zeit, die ruhig abläuft, wie die Aare flach über die Schwellen. Die Menschen sitzen auf den Bänken, liegen im Gras, spielen Boule. Sogar Bücher und Zeitschriften kann man sich ausleihen.

Ernst Eggimann
Geboren 1936, lebt als Sekundarlehrer in Langnau im Emmental. Veröffentlichte moderne Mundartgedichte. Seit 1986 sitzt er als Vertreter der Freien Liste im bernischen Grossen Rat.

Gerne schaue ich nur hinaus. Das Tram rattert über die Kirchenfeldbrükke auf das Historische Museum zu, das immer noch einem Märchenschloss gleicht und mich seltsamerweise an orientalischen Zauber und prächtige Teppiche denken lässt. Auch der Blick in die Tiefe gehört dazu. Jedesmal ahme ich in Gedanken Weinzäpfli nach und finde mich wunderbar gerettet von meinem Sturz. Unten in der Matte hat es beängstigend lange, graue Häuser, in deren obere Fenster man sehen kann. Oft sitzt dort eine alte Frau, die hinausschaut, und ich frage mich, ob ihre Wohnung nicht auch nach Süden, auf die Aare geht.

Über den Münsterplatz am Jüngsten Gericht vorbei, wo Kaiser und Papst in der Hölle schmoren. Dann und wann trete ich auch ein ins Münster, wenn die Sonne durch die Glasfenster scheint und der hohe Raum nach oben wie offen erscheint den aufsteigenden Rippen entlang, und dann sitze ich da in einem ganz anderen Bezug, kann unsere ärmliche Batzenklemmerpolitik vergessen.

Ja, die Politik, die wir machen… Wenn man aus der Berner Altstadt kommt, könnte es sein, dass unser Blick auf die Realität getrübt ist. Alles strahlt so viel immerwährende Behäbigkeit aus, dass wir Nachfolger der alten Ratsherren die Finanzmisere unseres Kantons einfach nicht ernst nehmen können. Zwar sprechen wir fast nur noch davon, und die Staatsverschuldung wird immer grösser – selbstverständlich noch lange nicht so gross wie die der USA! Wir machen alle höchst bedenkliche Gesichter, aber eigentlich glaubt es im Grunde niemand, dass unser habliches Bern verarmen könnte. Man muss nur auf dem Münsterplatz stehen, um zu wissen, was jahrhundertealter Reichtum ist. Dieses Münster konnte man sich leisten, «machs na», und daneben das Stift, gegenüber aber steht der Palast der Finanzdirektion: Da kann einem doch gar nicht in den Sinn kommen, einmal nachzuzählen, ob nicht vielleicht die Kassen leer sind. Oder rätselhafterweise die der Berner Kantonalbank! Und so tragen wir Berner und Bernerinnen alle, ohne im geringsten zu murren, die Milliardenschuld ab, welche unsere stolze Staatsgarantie von der Kantonalbank auf unseren Buckel gewälzt hat. Es ist in der Tat ein erstaunliches Phänomen, dass sich bei der ganzen Affäre kaum jemand geärgert hat. Man hat eigentlich nur darüber geschwiegen. Vielleicht, weil der Gedanke, dass die Kantonalbank zusammenbrechen könnte, so gar nicht in unser Bernbild passt.

Und auf der andern Seite der elegant geschwungenen Hauptgasse der Rathausplatz. Hier merkt man doch ein wenig die Enge, aber nicht allzusehr. Es ist eher eine gemütliche Geborgenheit, bei der man sich an unser Parlamentsgebäude anlehnen kann: Dieses Haus verspricht vor allen anderen Sicherheit. Da kann wirklich nichts passieren, es ist eine wahre Festung des guten alten Berner Geistes. Wer da nicht volles Vertrauen haben kann, ist wohl nicht ganz gesund!

Es wäre einfacher, eine realistischere Finanzpolitik zu machen, wenn unsere liebe Altstadt, wie man es etwa in südfranzösischen Städten sehen kann, langsam zerfallen würde. Aber bei uns, wo die barocken Gebäude so neu aussehen wie in der Barockzeit, wo alles glänzt vor lauter Renovation, kann es so schlimm doch wohl nicht sein. Möglicherweise haben auch schon die alten Patrizier geklagt, wie wenig Geld sie hatten, und dann doch diese Stadt gebaut!

Vergessen wir doch die leidige Politik, es wird schon recht sein, was in unserem schönen Rathaus beschlossen wird, es strahlt den nötigen Ernst aus. Und wir Bernerinnen und Berner sind es seit dem Ancien Régime gewohnt, auf die Gnädigen Herren zu vertrauen. Dass wir dabei nicht so schlecht gefahren sind, zeigt ja eben die schöne Altstadt mit dem Gerechtigkeitsbrunnen zum Beispiel. Sollen doch die Stänkerer, welche überall nur das Negative sehen, das Maul halten! Opposition ist schon recht, aber aufbauend muss sie sein. So herrscht auch ein umgänglicher und kameradschaftlicher Ton im Rat. Berndeutsch ist eine liebe Sprache, jedenfalls die meiste Zeit, und am schönsten ist es, wenn Harmonie herrscht, so wie draussen, wenn über den Lauben die Geranien blühen.

Das alte Bern

Rudolf von Fischer
Geboren 1929 als Spross einer der ältesten Burgerfamilien Berns. Schulen und Universität in Bern. Nach Abschluss des Jus-Studiums (Bernischer Fürsprecher) Gesangsstudium in Wien. Eintritt in die urgrossväterliche Sachwalterfirma Stettler, v. Fischer und Cie. Zahlreiche ehrenamtliche Aufgaben in Kirche, Kultur und Diakonie, Präsident der Burgergemeinde Bern seit 1991. Verheiratet, zwei Kinder.

Schon als Kind hatte ich einen ausgeprägten Sinn für alles Schöne. Ich interessierte mich früh für Kirchen und Schlösser, vertiefte mich in die Grimmschen Märchen und die Münchner Bilderbogen und liebte Mozart über alles.

Auch erinnere ich mich noch genau, wie mir als Elfjährigem in der Oskar-Reinhard-Ausstellung im Berner Kunstmuseum vor dem Bild «La petite liseuse» von Corot die Malerei aufging.

Später begeisterten mich Schiller und die Romantiker.

Obwohl ich in einem schönen altbernischen Intérieur aufgewachsen war, erschien mir Bern als nüchtern und terre à terre, bar jeder Poesie und Romantik.

Erst mit der Lektüre der Bücher von *Rudolf von Tavel* verklärte sich mir das alte Bern; ich sah die Stadt, die Landsitze und deren Bewohner mit anderen Augen.

Nach der Auflösung unseres Haushalts – ich war Waise – ging ich als junger Student zielstrebig zur Witwe des Dichters, obwohl diese mir kaum verwandt und sehr viel älter war als ich. Bei ihr lernte ich nicht nur das gesamte Werk ihres Mannes kennen – sie las mir alle berndeutschen Romane vor! –, sondern auch, sozusagen eine Generation überspringend, das alte Bern mit seinen originellen Persönlichkeiten und seinem unbeschreiblichen Charme schätzen und lieben.

Was war da für eine erstaunliche Wohnkultur: Man denke an die Ebenisten Funk und Hopfengärtner, an die hervorragenden Porträtisten, an die Kleinmeister oder an den Silberschmied Rehfues! Die Landsitze waren eine Verbindung bäuerlich-bernischer Behäbigkeit mit höfisch-französischer Eleganz. Während der Sommermonate lebte man im für Bern so typischen «Péristyle». Welche gemütvoll-heimelige – nicht mondäne! – Geselligkeit belebte die Stadtwohnungen und Campagnen. Getragen wurde diese – das wollen wir nicht vergessen! – von den tüchtigen und treuen, meist aus bernischen Bauernfamilien stammenden Dienstboten, denen Rudolf von Tavel in seinem Werk ebenfalls ein wahrhaft verdientes Denkmal gesetzt hat.

Wir können unserem Berner Klassiker nicht genug dankbar sein dafür, dass er einen wesentlichen Teil unseres Kulturgutes, das im Zweiten Weltkrieg weitgehend verlorenging, sozusagen in letzter Stunde festgehalten und damit für die Zukunft gerettet hat – in erster Linie natürlich das schöne Stadt-Berndeutsch, das heute auszusterben droht.

So wuchs mir Bern ans Herz, und trotz einiger Ausbruchsversuche, nach Genf und Wien etwa, blieb ich meiner Heimatstadt treu und versuchte, ihr auf mancherlei Weise zu dienen.

Denn die Verklärung der Vergangenheit oder gar Nostalgie ist fruchtlos, wenn sie nicht zu einem gegenwartsbezogenen und zukunftsgerichteten Handeln führt.

So unterstütze ich – gerade auch in meiner Funktion als Burgergemeindepräsident – alle Bestrebungen, unser reiches Erbe am Leben zu erhalten und an unsere Nachfahren weiterzugeben. Neben der Pflege des Stadt-Berndeutschen möchte ich als Beispiele erwähnen:

- Wenn im 15. Jahrhundert 5000 Berner unser Münster bauen und unsere Grossväter dessen Turm vollenden konnten, so sollte es uns heute doch möglich sein, wenigstens für den nötigen Unterhalt aufzukommen.
- Wenn unsere Vorfahren in weiser Voraussicht und erstaunlicher Grosszügigkeit die Hauptgassen Berns so breit anlegten, dass diese die ursprünglichen und eigentlichen Plätze unserer Stadt bildeten, so sollten wir es doch fertigbringen, diese wieder vom motorisierten Verkehr zu befreien und den Bewohnern und Besuchern der Stadt zurückzugeben! Der «Masterplan Bahnhof» und die «Vision 2020» weisen in diese Richtung.
- Wenn unsere Stadt – als einzige unseres Landes! – unter dem Schutz der UNESCO steht, so sollte das uns doch verpflichten, aus Bern wieder eine saubere und ordentliche Stadt zu machen, wie sie es bis vor noch nicht langer Zeit war: Sauberkeit bedeutet eben gerade nicht Sterilität, sondern Leben, und Ordnung bedeutet nicht Repression und Gefängnis, sondern Harmonie! Steigerung der Lebensqualität heisst nicht, aus Berns Altstadt einen Rummelplatz für unbernische Vergnügungen mit elektronisch verstärktem Lärm oder eine Kulisse für den Massentourismus zu machen, sondern dafür zu sorgen, dass man darin arbeiten und leben kann, wozu auch die Ruhe zum Schlafen gehört.

Ich bin nämlich überzeugt, dass es sich lohnt, unsere Stadt vor der totalen Vergammelung zu bewahren: Bern darf nicht weiter herunterkommen, Bern muss wieder seinen angestammten Platz in der Schweiz und in Europa zurückgewinnen. Sich dafür einzusetzen, sollte unser aller Losung sein!

Bern ist eine Stadt für Augenmenschen. Die Altstadt erscheint heute als wohlgeordneter, dennoch lebhaft differenzierter Ausdruck des mittelalterlichen Gründungswillens und der über Jahrhunderte auf dieser Konstanten basierenden Bautätigkeit im Sinne einer Weiterentwicklung: «Die Stadt als Monument», umrahmt von der Aare und den Grünzügen der Aarehänge, umgeben von den Wohnquartieren des späten 19. und 20. Jahrhunderts. Sie fasziniert, in natura und auf Bildern. Die Fotografien in diesem Band sprechen für sich.

Als Denkmalpfleger bewege ich mich täglich in dieser vor allem visuell wahrnehmbaren Stadt, die ich in bescheidenem Umfang mitbeeinflusse. Mein persönliches Verhältnis zu ihren Bauten und Höfen, ihren Gassen- und Platzgestaltungen, ihren Versammlungsräumen und Privatwohnungen wird durch das berufliche Interesse bisweilen überdeckt. Bern ist aber nicht nur eine Stadt für Augenmenschen, sondern auch ein Ort intensiver und faszinierender Gerüche – der Stadt als Ort für Nasenmenschen begegne ich unbefangener.

Der Geruchssinn führt auf Entdekkungsreisen in den Lauben der Altstadt, diesen fast endlosen geschlossenen Rohren, in denen die Düfte, die den Ladengeschäften entströmen, sich nur langsam verflüchtigen, in denen sie gewissermassen aufbewahrt werden. Auch mit geschlossenen Augen würde der Berner seinen Tabakladen oder seine Confiserie, die Bernerin ihr Restaurant oder ihre Parfumerie auffinden. Unverwechselbar sind die «Ausdünstungen» bestimmter Lokale und Läden, das süssliche Gemisch von Schokolade und Parfum aus dem Warenhaus EPA, das Käsige aus der «Harmonie», das Italienische bei Barisi. Die Düfte und Parfums imprägnieren die Lauben, bleiben haften, sind intensiver als anderswo.

Natürlich gibt es in Bern auch Aussenquartiere mit unverwechselbaren Gerüchen. Der Schokoladegeruch der Firma Tobler in der Länggasse ist durch den Troubadour Bernhard Stirnemann legendär geworden – «mys Käthi schmöckt nach Schoggola», und so roch die ganze Umgebung der Fabrik. Der Geruch ist geblieben, allerdings ist er nach Brünnen disloziert worden, ds Käthi heisst heute vielleicht Assunta, und die Firma nennt sich nicht mehr Tobler – gehört sie gegenwärtig Suchard, Jacobs oder Philipp Morris? Zu den grossräumigen Geruchsimprägnierungen gehört auch der Geruch frischer Wäsche, von Wäschepulver und Bügelstärke, der das Marziliquartier im Umfeld der Wäscherei Papritz kennzeichnet. Unverkennbar sind die einzelnen Duftmarken des Tierparks Dählhölzli, wo sich von Gehege zu Gehege die Losungen von Fuchs und Wisent, von Wildschwein und Steinbock ablösen.

Bern duftet nicht nur, es stinkt bisweilen auch gehörig. Überqueren Sie zu Fuss oder mit dem Velo in der Stosszeit den Bubenbergplatz oder den Wankdorfplatz, kämpfen Sie sich durch Abgasschwaden, und Sie wissen, wovon hier die Rede ist.

Bernhard Furrer
Geboren 1943, aufgewachsen in Bern, Studium der Architektur an der ETH Zürich, Diplom 1968. Mitarbeit in mehreren Architekturbüros, längere Auslandsaufenthalte in Finnland und Tunis. Eigenes Architekturbüro in Bern. Seit 1978 Denkmalpfleger der Stadt Bern.

Ein wunderbarer Ort für Nasenmenschen ist die Aare. Zu Hochwasserzeiten, im Sommer, verströmt sie einen unwiderstehlichen Geruch von Frische, der zum Baden einlädt. Beim Sonnenbaden auf den Holzpritschen des Marzilibades betört der Geruch des unbehandelten, vom Wetter ausgelaugten warmen Holzes – auch eine Duftspur von Sonnenöl, fast nur eine Erinnerung daran, trägt zur Wohligkeit des Auftankens von Wärme bei. Bald schon mischt sich auf dem Aareweg oberhalb des Marzili der Schweissgeruch der flussaufwärts bummelnden Aareschwimmer und -schwimmerinnen hinzu, später ergänzt durch den Rauch der vielen Feuerstellen im Eichholz und den Duft von Grillfleisch. Diesem gelingt es zeitweilig sogar, den frischen Grundgeruch der Aare zu übertrumpfen, namentlich dann, wenn die Pontoniere des Wasserfahr-Vereins Freiheit bei Bier und Wurst ihre Wettkampftage feiern. Im Herbst und Winter dann, bei niedrigem Wasserstand, verändern sich die Eindrücke. Die freiliegenden Kieselbänke, von Algen und Schlamm belegt, verströmen einen leicht fauligen Geruch, der unterstützt wird durch die herbstliche Nässe des Auengehölzes. Besonders in den Englischen Anlagen kommt der Geruch modrigen Unterholzes und durchnässten Erdreichs dazu, Folge der ständigen Gischt des über die Aareschwelle stürzenden Wassers.

Nicht nur an der Aare, sondern in der ganzen Stadt bringt der Herbst neue Gerüche. Eine erste Ankündigung der kalten Jahreszeit sind die Duftwolken, die von den Marronihäuschen ausgehen. Die Spysi, die Speiseanstalt der unteren Stadt, öffnet ihre Tore wieder, und in der Laube der Junkerngasse riecht es nach Suppe und währschaften Mahlzeiten. Am dritten Novembermontag steuert dann der Zibelemärit seine eigenen Gerüche bei, ein lebhaftes Gemisch von Zwiebelkuchen, Zuckerwatte und gebrannten Mandeln.

Für das Frühjahr sind die Kindheitserinnerungen an die Spaziergänge mit der Grossmutter im Bremgartenwald prägend. Der Weg führte an grossen Stapeln aufgeschichteter Spälten vorbei, deren in der Sonne trocknendes Holz stark duftete, der Harzgeruch mischte sich mit demjenigen der gesammelten Tannzapfen im Sack. Die Spaziergänge fanden ihr Ende jeweils beim Picknick in der Geländemulde des Glasbrunnens, wo sich zu der modrigen Kühle der Geruch frischer Weggli und eines würzigen Landjägers gesellte. Aber auch in der Stadt ist das Frühjahr geprägt von den Gerüchen der erwachenden Natur, vom spriessenden Gras auf der Allmend, von den Fliederbüschen in den Quartierstrassen oder dem austreibenden Laub und den Blütenkerzen der Kastanien auf der Münsterplattform. Zu den spezifischen Gerüchen des Frühjahrs trägt weiter der Grand-Prix von Bern bei, der Volkslauf, der die Altstadtgassen und Quartierstrassen mit dem Gestank von heissen Kunststoffsohlen, von Schweiss und Massageöl füllt, Ausdruck sportlicher Leistung Tausender Freizeitathleten und -athletinnen.

Im Hochsommer kommen in der Stadt dann die Momente, in denen die auf den heissen Asphalt prasselnde Flut des Gewitterregens den unvergleichlichen Geruch des nassen Strassenstaubs erzeugt; beides, Hitze und Abkühlung, werden durch die Nase glückhaft wahrnehmbar. Zum Sommer gehört auch der scharfe Geruch der Rossäpfel, die hinter den Touristen-Kutschen zurückbleiben.

Ganzjährig erlebbar ist der eigentümliche Geruch im Zytglogge. In seiner stets etwas feuchten Uhrkammer riecht es intensiv nach Öl und Fett, die zur Schmierung des Uhrwerks verwendet werden, und nach den Hanfseilen, an denen die schweren Uhrgewichte hängen. Diesen Eindrücken fügt sich eine Spur des Geruchs von Lederwichse bei, die zur Pflege des Blasebalgs für den Hahnenschrei verwendet wird. Zum Schluss sei auf einen an der Nordseite des Zytglogge gelegenen Ort spezifischen Geruchs aufmerksam gemacht, der nur Männern zugänglich ist: die Vespasienne, kommunerweise Pissoir genannt. Ein klassisch-griechischer Hexameter auf einem Emailschild verkündet dort «Patent Öl-Urinoir System Beetz (ohne Wasserspülung geruchlos)». Die Aussage trifft – wie sich leicht überprüfen lässt – nur bedingt zu.

Bim Bäregrabe

Aschi isch vo Bümpliz, ds Heidi vo dr Lorraine
u beidi hei sich no nid kennt.
We me jung isch, het me so es Sehne
nach viel Liebi, wo eim fascht verbrönnt.
Drum, wo Aschi einisch i d'Stadt isch gange,
da het är zerschte mal das Heidi gseh
u sys Härz isch sofort i Flamme gstande:
Das Modi wotti, seit är, u süsch keini meh!
    U nach 5 Minute het är sie de gfragt,
    ob sie am Samschtig scho es Programm hätt?
    U da seit sie ganz lieb u ganz nätt:

Am Samschtig geit's nid, aber am Sunntig-Abe
Du chasch mi träffe bim Bäregrabe
Mir gheie es Rüebli zu de Bäre abe
We mir üs gseh – bim Bäregrabe!

    U syt däm Sunntig sy sie es Päärli,
    sie hei de gly 2 Ringe kouft.
    U wie's halt so geit: Scho nacheme Jährli
    hei sie ds erschte Baby touft.
    Mit em Chinderwage cha me sie jetze gseh
    u wo Aschi eismal fragt: Was wei mir undernäh?
    het ihm ds Heidi es Müntschi gäh
    u gseit:

    Mir mache's wie denn – am Sunntig-Abe
    Mir gö zäme zum Bäregrabe
    U gheie de Bäre es Rüebli abe
    So wie denn – bim Bäregrabe!

Juhui! *Polo Hofer*

Polo Hofer
Geboren 1945 in Interlaken.
Karriere als Dialektrocksänger, Entertainer und Schlagzeuger. Gründung verschiedener erfolgreicher Rockbands: Rumpelstilz, Polo's SchmetterDing, Polo Hofer & die SchmetterBand. Zahlreiche Konzerte, Tourneen, Tonträger mit Platin- und Goldverkaufszahlen. 1983 Reise nach China mit einer Gruppe von Schweizer Künstlern, 1990 Wahl zum Schweizer Rockstar des Jahres und Ehrung der Gemeinde Interlaken für besondere Verdienste, 1991 Reise in den Süden der USA, wo das Video «Bluesiana» entsteht.

Liebe auf den zweiten Blick

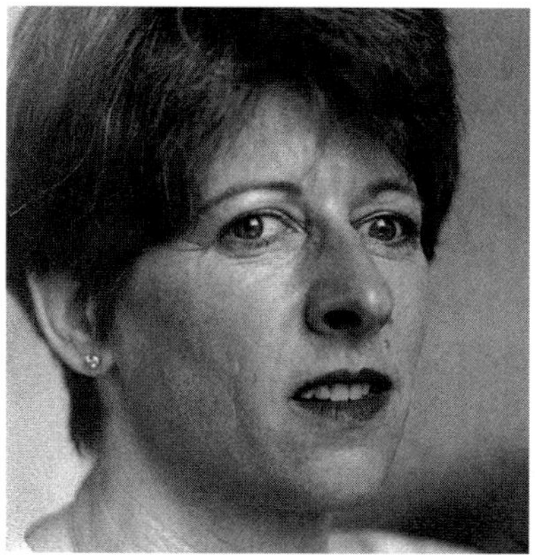

Annemarie Huber
Geboren 1948, von Baar/ZG.
Generalsekretärin der Bundesversammlung.
Lebt mit ihrer Familie (drei Kinder)
seit dem Abschluss ihrer Studien
in Schweden, Genf und Zürich
im Jahre 1977 in Bern.

Bern und ich, das war nicht Liebe auf den ersten Blick – auf jeden Fall nicht im Jahre 1968/69, als ich mit der Matura im Sack nach einer Universität Ausschau hielt und eher zufällig in Bern landete! Weder an der Universität noch in der Stadt habe ich richtig Fuss gefasst und verliess Bern ebenso fluchtartig, wie ich hingekommen war. Erst zehn Jahr später begann ich meine Liebe zu Bern zu entdecken. Nach mehrjährigen Aufenthalten im Ausland, in Genf und in Zürich verschlug es mich wieder nach Bern, diesmal direkt ins Zentrum dieser wunderschönen Stadt, ins Bundeshaus. Dass ich direkt unter der Bundeshauskuppel einen Arbeitsplatz gefunden habe, ist für mein Verhältnis zu Bern bestimmend.

Bern ist für mich eine politische Stadt. Jeden Tag erlebe ich hier mit, wie zwischen Bundeshaus, Bahnhof, Schweizerhof und Bellevue Bundespolitik entsteht und betrieben wird. Etwas weiter unten in der Altstadt, im altehrwürdigen Rathaus mit der eindrücklichen Treppe und im Erlacherhof an der Junkerngasse, geschieht die Berner Politik. An diesem politischen Leben sind nicht nur Berner und Bernerinnen beteiligt, sondern Leute aus der ganzen Schweiz und aus den verschiedensten gesellschaftlichen und wirtschaftlichen Sparten. Die dicken Mauern der behäbigen, aber doch anmutigen öffentlichen Gebäude versinnbildlichen die Seriosität und Beständigkeit der schweizerischen Politik. Höhenflüge und Aufbruchstimmungen gibt es in unserer Politik ebensowenig, wie es in Bern breite, grosszügige Boulevards und grossartige Quais gibt!

Dem interessierten Beobachter eröffnen sich aber Welten, wenn er sich in die Details des komplizierten, die verschiedensten Minderheiten des Landes berücksichtigenden politischen Entscheidungsprozesses einlässt. Von diesen Details kann man sich auch in der Altstadt, etwa am eindrücklichen Berner Münster mit den zahlreichen Zierfiguren und dem wunderschönen Hauptportal, verführen lassen oder in den Gassen, die immer wieder neue und interessante Durch-, Ein- und Ausblicke ermöglichen. Und wer liesse sich nicht von einem Weitblick in die Berner Alpen von der Bundesausterrasse aus begeistern? Ich jedenfalls finde diese Aussicht immer wieder von neuem atemberaubend. Es kommt mir manchmal vor, als ob so viel Schönheit viele der vermeintlich schwerwiegenden politischen Probleme wieder in die richtigen Relationen zu rücken vermöchte.

In Bern haben mein Mann und ich einen Ort gefunden, in dem sich gut leben lässt. Bern ist zwar keine Grossstadt mit weltmännischem Gehabe, aber eine grossartige Stadt mit menschlichen Dimensionen. Die Altstadt, eingebettet in die Aareschlaufe, ist übersichtlich, wohl definiert, man könnte fast meinen, bewusst begrenzt. Obwohl durch und durch deutschschweizerisch, spürt man etwas von der nahe liegenden Sprachgrenze und der welschen Kultur. Das gehört sich auch so für die Hauptstadt der multikulturellen Schweiz! Das wussten die Berner so einzurichten, lange bevor Bern Hauptstadt der Schweiz wurde. Es ist diese einmalige Kombination aus wunderschöner Stadt als Rahmen und bundespolitischem Leben als Inhalt, die mich auch nach vielen Jahren noch immer fasziniert.

Die Altstadt, das Bundeshaus und die Politik würden aber nicht ausreichen, um Bern zur Heimat zu machen! Bern hat jenseits der Aare noch viel mehr zu bieten. Ich denke dabei nicht nur an das herrschaftliche Kirchenfeld mit den vielen Botschaftsresidenzen, an deren Anblick ich mich fast jeden Tag erfreue. Ich denke an das Marzili, die schönen Wohnquartiere mit den grünen Gärten und Gärtchen rund um die Aareschlaufe. Hier findet das Private und Individuelle statt – auch das meinige. Das baulich und gesellschaftlich gut durchmischte Sandrainquartier, in dem meine Familie wohnt, hat eine privilegierte Lage. Vor der Haustür liegt das Stadtzentrum, hinter der Haustür Wabern und der Gurten. Die Aare bildet die Grenze zum unteren Kirchenfeld, wo ich während vier Jahren gewohnt habe, von wo aus ich Bern zu entdecken begann.

Ich habe in den ersten Jahren in Bern einen See vermisst und wohl deswegen der Aare, ausser etwa bei einem sommerlichen Bad, nicht die richtige Aufmerksamkeit geschenkt. Seit ich aber von unserem Küchenfenster aus ihr ruhiges Fliessen, vor allem in den Wintermonaten, betrachten kann, habe ich die Aare schätzen gelernt. Ein einsamer Spaziergang oder eine Velofahrt entlang ihren Ufern ist ein Erlebnis. Ein Aarebummel kann vor allem im Stadtgebiet sehr abwechslungsreich sein. Ich geniesse immer wieder einen kurzen Halt im Schwellenmätteli oder einen Blick auf das Wasser und auf den Altenberg von der Nydeggbrücke aus.

Was wäre Bern schliesslich ohne die Brücken! Sie gehören für mich zum Alltag und sind sowohl Trennung als auch Verbindung zwischen Arbeits- und Privatleben. Ich geniesse schon am frühen Morgen die Fahrt über die Monbijoubrücke mit dem bei schönem Wetter herrlichen Ausblick auf die Alpen auf der rechten und auf das Bundeshaus auf der linken Seite. Bei der anschliessenden Fahrt über die Kirchenfeldbrücke zeigen sich die Altstadt und das Hotel Bellevue in der ganzen Herrschaftlichkeit. Dieser Anblick ist eindrücklich bei jedem Wetter!

Auf eine Würdigung Berns als Kulturstadt wage ich mich nicht einzulassen, obwohl Bern in dieser Hinsicht viel zu bieten hat. Im Kunstmuseum mit der Sammlung von Klee, meinem Lieblingsmaler, in der Kunsthalle und in den vielen Galerien finden Ausstellungen von bekannten und unbekannten Künstlern statt, denen ich leider allzu oft fernbleibe. Dasselbe gilt für das Theater, die Konzerte, die Kinos und Restaurants ausserhalb des «offiziellen» Berns. Ich hoffe aber, dass ich in einigen Jahren mehr dazu sagen kann, denn die Entdeckung dieser Berner Welt habe ich mir für später aufgespart.

Die Zelte könnte ich jederzeit auch anderswo aufschlagen, mein Basislager aber ist Bern

Den Bürosessel mit Blick auf Manhattan's Skyline habe ich seinerzeit mit der Aussicht auf den an Föhntagen greifbar nahen Kranz der Berner Alpen vertauscht. Unvergessliche Erinnerungen verbinden mich inzwischen mit den meisten dieser Gipfel. Abenteuer vor der Haustür, die nebst Freundschaften auch neue Horizonte, Ideen, Joie de vivre und Standfestigkeit brachten. Die Aussicht auf den Hudson wurde durch diejenige auf die Aare ersetzt. In welcher Bundesstadt kann man schon an heissen Sonnentagen auf dem Rücken liegend sich am Parlamentsgebäude vorbeigleiten lassen? Dass man dabei ab und zu die Augen zukneifen muss, ist weniger auf den Sonneneinfallswinkel, noch auf die attraktiven Sonnenanbeterinnen im Marzili, als vielmehr auf das Geschehen unter der Bundeshauskuppel zurückzuführen.

Die Funktion als politische Drehscheibe unterstreicht nicht nur den Stellenwert unserer Stadt, sondern beschert sie auch mit Negativassoziationen, wenn «die in Bern oben» dann und wann einen unpopulären Entscheid treffen. Auch vom regelmässigen Demonstrationstourismus, der das einzigartige Marktgeschehen auf dem Bundesplatz des öfteren nahtlos ablöst, lässt man sich trotz der begleitenden Lautsprecherorgien in den Strassencafés an der Front kaum aus der Ruhe bringen. Berner sind von Natur aus tolerant zu Andersdenkenden, und bis ihnen die Sicherung durchbrennt, braucht es schon einiges. Auch wenn nach der sprichwörtlichen Gemütlichkeit einmal Handeln angesagt ist, erfolgt dieser Übergang – so will es wenigstens das Cliché – bedächtig, also besonnen und umsichtig. Gerade in unserer Zeit des beschleunigten Wandels könnte diese Art von Problembewältigung viele Leerläufe, Energieverluste und damit verbundene Frustrationen ausmerzen.

Bekannt ist auch der Berner Gring. Nach dem Motto «nid nala gwinnt» wird jedes einmal eingeschlagene Ziel über alle Hindernisse hinweg hartnäkkig verfolgt. Es ist alles eine Frage des Kopfes, meinen meine Expeditionskameraden. Und weil sie bereits einige der fünf Summits der Welt bestiegen haben, müssen sie es ja wissen. Dementsprechend sind Berner Qualitäten auch an der Spitze von internationalen Grossunternehmen gefragt. Allerdings müssen diese Spitzenkräfte mindestens nach Zürich auswandern, um ihrem Kaliber entsprechende Herausforderungen zu finden. Zu Hause sind sie weder angesehen, noch würden sie in der nicht von besonderem wirtschaftlichem Vorwärtsdrang geprägten Region ein entsprechendes Beschäftigungsfeld finden.

Trekkingerlebnisse in der Wildnis von Alaska zeigten mir, dass das Berner Wappentier recht gut zum Durchschnittscharakter des Berners passt und mit den um Rüebli bettelnden Artgenossen im Bärengraben wenig gemeinsam hat. Alle paar Minuten

Dieter Jäggi
Geboren 1938, Dr. oec., Marketing- und Werbeausbildung in New York.
Zehn Jahre Praxis als Marketing- und Kommunikationsberater bei namhaften Beratungsfirmen in der Schweiz und in den USA. Heute Leiter der Agenturgruppe Jäggi Communications-Marketingberatung-Werbeagentur BSW-Public Relations Agentur BPRA.

demonstrieren die Bären in der freien Natur ihre Umsichtigkeit, indem sie sich auf den Hinterbeinen aufrichten, den Kopf drehen, um Witterung aufzunehmen. Verblüffend ist auch die Behendigkeit der Bären, wenn sie, mitten im reissenden Wasser stehend, die springenden Lachse volley mit dem Maul abfangen. Einfallsreichtum und Intelligenz beweisen Bären immer wieder, wenn sie auf Distanz einen Fischer solange beobachten, bis er einen Fang macht, um ihn dann mit Riesensätzen in die Flucht zu schlagen und die Beute genüsslich zu verspeisen. Ökonomie der Kräfte nennen das die Wirtschaftswissenschaftler. Dass die Bären anderntags den Fischer wiedererkennen und ihm auflauern, spricht für ihr gutes Gedächtnis und den Hang zur bequemen Nahrungsaufnahme auf Kosten anderer. Entsprechende Phänomene kennzeichnen dann und wann auch politisches Verhalten zu Hause.

Wenn man von der Bedächtigkeit der Berner spricht, darf man das nicht mit Konservatismus verwechseln. In Bern sind nämlich Verkehrsampeln verbreitet, die gleichzeitig rot und grün aufleuchten. Die einen Bürger sehen dann rot, die andern grün. Die psychologische Studie von DemoSCOPE, die das Seelenleben der Schweizer offenlegt, korrigiert das bodenständige Berner Image denn auch deutlich. So leben im Kanton Bern mehr Progressive als sonstwo in der Schweiz, und für Idealisten scheint die Stadt der kräftigste Magnet unseres Landes zu sein. Dass zur Finanzierung von ideellen Ansprüchen eine gesunde materielle Basis gehört, hat in Bern noch lange nicht sämtliche politischen Kreise durchdrungen. Die Wirtschaft wird daher im besten Fall als notwendiges Übel betrachtet. Die Polarisierung des Kräftefeldes hat aber mindestens einen Vorteil: Sie sorgt immer wieder für neuen Diskussionsstoff bei Stammtischgesprächen.

Berner sind Individualisten. Das zeigt sich auch im kulturellen Schaffen. Bern kennt keine eigentliche Kulturszene, wohl aber herausragende Einzelakteure: Robert Walser, Kurt Marti, Friedrich Dürrenmatt in der Literatur, Bernhard Luginbühl, Eisenplastiker. Franz Gertsch, Markus Raetz, Rolf Iseli, Alfred Hofkunst in der Malerei. Den begnadeten Poeten und Liedermacher Mani Matter, den ich noch als Pfadiführer bei den Rotweissen der Patria als Kameraden schätzen lernte, bevor er als Impulsgeber die Berner Mundart-Rockmusik initiierte, auf der dann Polo Hofer, Patent Ochsner, Züri-West von Erfolg zu Erfolg surften, und Stephan Eicher, der sogar das verwöhnte Publikum im Olympia in Paris dazu gebracht haben soll, berndeutsche Refrains mitzusummen.

Ich schätze auch das kulturelle Bern von heute, angefangen bei Ausstellungen mit Welt-Renommé im Kunstmuseum, über das Theaterleben bis zu Konzerten und Auktionen. Ich liebe es aber auch, dann und wann in Bern abzutauchen, mich in der «Mühle Hunziken», im «Stufenbau» oder im «Bierhübeli» wie in New York downtown zu fühlen. Bern, ich mag Dich mit all Deinen Sonn- und Schattenseiten. Für mich bist Du – Bern – einer der lebenswerten Flecken auf dieser Erde.

Eberhard W. Kornfeld
Geboren 1923 in Basel, Studienaufenthalte an den Kupferstichkabinetten von Basel, Paris und London. Assistent von Dr. August Klipstein, nach dessen Tod 1951 Übernahme der Leitung der Firma Gutekunst und Klipstein in Bern, spätere Galerie Kornfeld. Ehrendoktorwürde der Universität Bern 1982. Autor und Bereiniger zahlreicher Œuvrekataloge über Künstler des 19. und 20. Jahrhunderts, Erforscher von Leben und Werk Ernst Ludwig Kirchners, Bewahrer der beiden Kirchner-Häuser in Davos.

Eine der ersten Sonntagsfahrten mit dem neu erworbenen Auto des Vaters führte im Sommer 1929 von Basel nach Bern, auf der alten Hauensteinstrasse. In Erinnerung geblieben ist der Staub, dem man mit weissen Motorfahrerhauben zu begegnen suchte, und auch der Bärengraben. Andere Besuche folgten, meist auf dem Weg ins Oberland, auch einzelne Schulreisen. Dann der erste längere Aufenthalt, auf Staatskosten, mit einem Bett in der Kaserne, im Herbst 1943. Im folgenden Winter die ersten Besuche bei Dr. August Klipstein. Das längere Gespräch endete mit der Durchsicht der in Schachteln aufbewahrten Lagerbestände an Rembrandt- und Dürer-Graphik. Ich war tief beeindruckt von der Tatsache, so etwas in den Händen halten zu dürfen. Meine Jugendinteressen hatten bis anhin der Archäologie und der römischen Numismatik gegolten, aber das Schnuppern an der Graphik begann Spuren zu hinterlassen. Nach zwei Jahren Militärdienst, von 1943 bis 1945, suchte ich Klipstein wieder auf.
Wir einigten uns auf eine dreijährige Volontariatszeit, 1945–1948, mit den Möglichkeiten, im Sommer und Herbst Kupferstichkabinette zu besuchen und dort zu arbeiten. So lernte ich die Bestände von Basel, London und Amsterdam kennen, nebst all dem reichhaltigen Material, das in dieser Zeit durch die Firma lief, im speziellen die Sammlungen Robinow, Weber, Dub, Harrach und Yorck von Wartenburg. Nach 1948 blieb ich in Bern.

Mein Engagement in der Firma wurde intensiver, von 1950 datiert ein erster Beteiligungsvertrag. Als August Klipstein 1951 plötzlich starb, kam die grosse Verantwortung. Seither sind über 40 Jahre vergangen, Jahre des intensiven Einsatzes, der permanenten Bereicherung der Kenntnisse und der kontinuierlichen Entwicklung sowie des Ausbaues des Hauses, unter Betonung bernischer Qualitäten, Tradition und Sesshaftigkeit. An der Laupenstrasse sind wir geblieben, es kam nur der Wechsel vom Haus Nr. 49 in das Haus Nr. 41.

Bern ist mir in dieser Zeit sehr ans Herz gewachsen. Freundschaften, Familie, Erfolge, aber auch hart durchzustehende Zeiten – alles hat sich hier abgespielt. Ich durfte an der in Bern möglichen hohen Wohnqualität teilhaben, erst an der Herrengasse, ab 1974 im Rothaus in Bolligen. Sicher liegt Bern für eine Firma mit internationaler Tätigkeit nicht gerade im geographischen und wirtschaftlichen Zentrum. Das bringt Nachteile, aber auch Vorteile mit sich. Wenn man die Möglichkeit hat, mit einem guten Angebot die Leute nach Bern zu locken, muss man sich glücklich schätzen, aber dann profitieren alle Seiten. Fragt man ausländische Sammler, was sie an den Auktionen, die seit 1953 eine kontinuierlich wachsende internationale Kundenschar nach Bern bringen, besonders mögen, dann hört man häufig: «Business, pleasure, holidays, und der schönste Auktionssaal der Welt, im Grün eingebettet.» Nebst all dem Lob doch die Feststellung, dass ich die Basler Herkunft nie verleugnen konnte, und dazu gehört bis heute die Jahr für Jahr aktive Beteiligung an der Basler Fasnacht. Nebst der intensiven Beschäftigung mit den Zeichnungen und Graphiken alter Meister, der alten Tradition des Hauses, kam seit 1948 auch eine starke Hinwendung zur zeitgenössischen Kunst. Dankbar erinnere ich mich dabei an Arnold Rüdlinger und Franz Meyer, die beiden Direktoren der Berner Kunsthalle in der Nachkriegszeit. Damals geknüpfte Freundschaften mit Jeannot Tinguely, Alberto Giacometti, Sam Francis, Alfred Jensen, Marc Chagall, Pablo Picasso, Niki de Saint-Phalle, Franz Fedier, Otto Tschumi blieben prägend.

In Bern habe ich, auch dank zahlreicher, meist bernischer Mitarbeiter und Mitarbeiterinnen, vieles erarbeiten und vollenden dürfen. Ich bin hier glücklich und wünsche mir selbst: ad multos annos.

Frühe Erinnerungen

Rosmarie Kurz-Hohl
Geboren 1926 in Bern, wohnhaft in Habstetten bei Bern. 1972–1992 verantwortlich für Öffentlichkeitsarbeit beim Christlichen Friedensdienst cfd. Publizistin.

Seit Monaten verdränge ich eine vage Zusage an den Herausgeber und Freund, an Dich, liebes Bern, einen Liebesbrief zu schreiben. Lass es mich mit einigen Streiflichtern auf Menschen und Ereignisse doch noch versuchen, meine Beziehung zu Dir zu benennen.

Ja doch, ich mag Dich. Du bist mir vertraut. Und wer würde es wagen, Deine Schönheiten anzuzweifeln: den Blick vom Aargauerstalden auf die Türme und Dächer der Altstadt im Knie der Aare; Deine Lauben, den Charme einzelner Quartiere wie zum Beispiel der geschichtsträchtigen Länggasse oder des Kirchenfelds mit seinem dezenten Reichtum; den ländlichen Charme Deiner Umgebung wie die unverändert grossartige Kulisse der Berner Alpen. Neben der klassischen Schönheit vieler Altstadtbauten habe ich von jeher den Blick aus der Altstadt auf die Moderne der Gewerbeschule geliebt, die in meiner Kinderzeit entstanden ist. Fasziniert hat mich aber in frühen Jahren auch der Bahnhof mit seinen Geräuschen, dem Gewirr der Stimmen, den zu- und wegströmenden Menschen und dem Odium von Abschied, Reisen und Ferne.

In einer Deiner Vorstädte wurde ich vor beinahe 70 Jahren geboren. Hier bin ich – am Liebeggweg – aufgewachsen. Hier lernte ich die Welt zu benennen, und hier wurde ich mit den Regeln meiner bürgerlichen Umwelt geimpft. Dass Sprache und Regeln die Zugehörigkeit bestimmen, würde ich später erfahren. Ich begann es zu ahnen, als ich meine erste Schulfreundin nach Hause bringen wollte, das Käthi aus der Berner Matte. Ich wurde unmissverständlich belehrt, dass Kinder aus dem Matte-Quartier nicht zu mir passten und darum bei uns unerwünscht seien.

Hier bin ich also zur Schule gegangen – zunehmend ohne Lust allerdings, in Qualen der Langeweile, und in späteren Jahren täglich in der Hoffnung, über Nacht möge das Schulhaus abgebrannt sein. Von der «Tochter aus gutem Hause» wurde aber damals ohnehin in erster Linie Interesse am Musischen erwartet – an der Literatur, am Theater, in dem ich als kleines Mädchen verzaubernde Kindervorstellungen erlebte. Das Historische Museum sollte mir den Blick in Deine heroische Vergangenheit öffnen, Klavierstunden am Berner Konservatorium und erste Konzerte den Zugang zur Musik.

Du hast die Bilder geprägt, vor deren Hintergrund ich mich an meine erste Liebe erinnere, und Du warst der Rahmen, in dem sich für mich weltgeschichtliche Ereignisse spiegelten.

Als junge Frau habe ich Dich verlassen, um 1972 zurückzukehren und mich beruflich zu engagieren. Heute lebe ich in Deiner Nachbarschaft, umgeben von Feldern und Wäldern in nahezu idyllischer Ländlichkeit.

Wir haben uns in den vergangenen 70 Jahren verändert – Du und ich. Und beide bemühen wir uns nur teilweise erfolgreich, alte Schönheit nach Möglichkeit zu erhalten. Die Häuser Deiner Altstadt aber sind zu Potemkinschen Dörfern geworden, bei denen häufig nur noch die Fassade stimmt.

Aber lass uns das Zwiespältige beiseiteschieben – die Zeichen einer dem Konsum verfallenen Zeit, die Deine Gassen verwandelt hat, Gassen, die nach Ladenschluss nur noch öde Langeweile verströmen, weil die Menschen fehlen, die einmal hier gelebt haben, die spielenden Kinder und die Handwerker in ihren Werkstätten. Lass uns auch die Statussymbole unserer Zeit vergessen, die viel alte Bausubstanz gekostet haben, den überbordenden Verkehr, der sich nur mühsam aus Deinem Zentrum verbannen lässt, und die brüchige Schönheit Deiner ländlichen Umgebung, die durch eine industrialisierte Landwirtschaft zunehmend verändert wird.

Lass uns noch einmal zurückschauen, zum Beginn unserer Beziehung – in eine Zeit, in der das Automobil des Nachbarn noch eine staunenswerte Sache war, eine Reise von Bern nach Zürich ein Ereignis, der erste Migros-Laden in der Von-Werdt-Passage in bürgerlichen Augen suspekt, der Bahnhof eine vergleichsweise Idylle – als Kinder auf der Strasse Völkerball spielten und riesenhaft am Himmel der Zeppelin sich unter unseren staunenden Augen langsam vorbeischob. Eine Zeit auch, in der sich – zum Schrecken meiner Mutter – mit roten Fahnen am 1. Mai eine kämpferische Arbeiterbewegung in Deinen Strassen formierte und die Frauenbewegung angeblich aus lauter frustrierten Suffragetten bestand.

Unvergesslich auch die mittägliche Stille eines Sonntags im Sommer, in der sich das Summen der Bienen wie ein dumpfes Dröhnen ausnahm. Ich sehe mich als kleines Mädchen mit einem Stein in der Hand den Gartenzäunen entlang streifen, um die beklemmende Stille zu durchbrechen.

Die grosse Welt – sie berührte mich in der Begegnung mit einzelnen Menschen. Einige sind unvergessen geblieben: das in meinen Augen wunderschöne kleine Mädchen mit dem langen roten Haar, das gelegentlich im Nachbarhaus in den Ferien weilte und dessen Freundschaft ich mir glühend ersehnte. Gabriele d'Annunzio, der berühmte italienische Schriftsteller, sei sein Grossvater, hiess es, und die indirekte Begegnung mit einem «grossen italienischen Schriftsteller» liess mich erschauern.

Im nahen Wäldchen, in dem die Kinder gelegentlich spielten, ein alter Mann mit langem weissem Bart, der, vor sich hin murmelnd, mit kleinen Schritten vorübertrippelt. Er sei der Vater eines berühmten Malers, erzählte mir meine geliebte Tante Ira Perret, die in der Welt der Berner Künstler zu Hause war. Es muss in jenen Jahren gewesen sein, dass sich Paul Klee, dessen Bilder im nationalsozialistischen Deutschland zur «entarteten Kunst» erklärt worden waren, bei Dir, in Deinen Amtsstuben, vergeblich um die Einbürgerung bemühte.

Ira Perret – mit ihr verbinden sich meine ersten Eindrücke von Russland und der russischen Revolution. Sie war mit ihren Schweizer Eltern zurückgekehrt. Bei ihr begegneten sich russische Flüchtlinge mit ihren dramatischen Geschichten von einem gelobten Land, von Verlust und Flucht, die für lange Zeit mein Bild von Russland prägen sollten.

Ich war neun Jahre alt, als wir vom Liebeggweg an die Jubiläumsstrasse umzogen. Hier erlebte ich den Ausbruch des Zweiten Weltkrieges. Truppen lagerten in den Tagen der Mobilisation vor unserem Haus an der bisher so vornehm-stillen Jubiläumsstrasse. Meine Mutter rannte mit Tee für die Soldaten treppauf und treppab, die übliche Zurückhaltung vergessend. Die Mobilisation hatte eine Atmosphäre des euphorischen Gemeinschaftsgefühls ausgelöst, die mich faszinierte. Ich sehe mich tags darauf im Schulhof stehen und neidisch zuhören, wie meine Schulkameradinnen besorgt und doch stolz von ihren Vätern erzählen, die «einrücken» mussten. Ich schämte mich, zu gestehen, dass mein Vater nicht zu den Helden gehörte, weil er an seinem Arbeitsplatz im Bundeshaus «unabkömmlich» war.

Es kamen die Jahre des Krieges, in denen Du, liebes Bern, mit Deiner Flüchtlingspolitik traurige Berühmtheit erlangen solltest. Ein kleines Giebelhaus, jenseits der Aare am Sandrain, in dem die Schwester meines Vaters (und meine spätere Schwiegermutter) Gertrud Kurz lebte, wurde in jenen Jahren zu einer Oase der Menschlichkeit, die mich magnetisch anzog.

«Konsulat der Mühseligen und Beladenen» nannte ein Flüchtling das Haus, das sich nach 1938 mit Flüchtlingsschicksal füllte. Hier gingen viele – vor allem jüdische – Flüchtlinge ein und aus, die durch nationalsozialistischen Rassenwahn zu Un-Menschen erklärt worden waren und bei uns Schutz und Hilfe suchten. In den Amtsstuben Deiner Bundesbehörden und bei den Zuständigen in der Verwaltung verschloss man sich weitgehend der himmelschreienden Not und der Fürsprache der Flüchtlingshelfer und Flüchtlingshelferinnen wie Gertrud Kurz und machte sich damit zum Gehilfen der nationalsozialistischen Vernichtungspolitik.

Eine der unzähligen Geschichten, die ich in jenen unheilvollen Jahren zu hören bekam, hat sich mir besonders eingeprägt: An einem Morgen im August 1942, als in unseren Nachbarländern Tag und Nacht die Güterwagen mit menschlicher Fracht in die Vernichtungslager rollten, wurde im jüdischen Friedhof von Bern ein junges jüdisches Paar aufgegriffen, das illegal eingereist war, um Rettung zu finden. Als am nächsten Tag bekannt wurde, dass das Paar von der Polizei verhaftet worden war und ausgewiesen werden sollte, wandten sich Berner Juden an Gertrud Kurz und baten sie um Intervention. Diese war vergeblich. Die beiden wurden am selben Tag zur Grenze gebracht und ausgeschafft. Ihre Spur verlor sich im Todeszug jener Zeit.

Diese unheilvollen Geschichten und die Erinnerung an einige bernische Exponenten der damaligen Politik haben meine Beziehung zu Dir, liebes Bern, als Behörden- und Beamtenstadt mitgeprägt. Dass sich in Sprache und Praxis bis heute beklemmende Vergleiche aufdrängen, beeinflusst meine Gefühle Dir gegenüber ebensosehr wie das oft unverständliche Treiben unter der Bundeshauskuppel.

Aber lass uns dieses Puzzle von Erinnerungen und Bildern, die mit Dir zusammenhängen, heiter beschliessen.

Es muss gegen Ende jener Kriegsjahre gewesen sein, als im Haus nebenan die Familie Dürrenmatt – ein stadtbekannter Pfarrer mit seiner nicht minder bekannten Frau – einzog und ich für einige Zeit Zimmer an Zimmer mit Sohn Friedrich lebte und mit dessen Schwester Vreni zur Schule ging. Der dickliche junge Mann mit Brille fiel mir vor allem darum auf, weil er mich bei unseren täglichen Begegnungen nie eines einzigen Blickes würdigte und meinen schüchternen Gruss unbeantwortet liess. Später entdeckte ich ihn wieder in einer Vorlesung von Fritz Strich zu «Goethe und die Weltliteratur». Inzwischen waren erste Werke bekannt und der Berner Dichter zu einem interessanten Objekt meiner Neugier geworden. Aber es blieb dabei: Ich war für ihn Luft, und ich verpasste damit endgültig den Zugang zum Olymp der Berner Dichter und Denker.

Von der unteren zur oberen Stadt

François Loeb
Geboren 1940, Schulen in Bern, Studium an der Hochschule St. Gallen, Abschluss als lic. oec. Nach beruflichen Lehr- und Wanderjahren ab 1975 Delegierter des Verwaltungsrates und Direktor der Loeb AG, Bern. 1982–1987 Mitglied des Grossen Rates des Kantons Bern, ab 1987 Nationalrat.

Bern. Mit diesem Wort war das erste amtliche Dokument, das sich mit meiner Person befasste – mein Geburtsschein –, versehen. Bern Egelmösli, meine Kindergartenadresse. Bern Muristalden, meine ersten Schuljahre. Ich erinnere mich noch an den Weg dorthin. Vom Stadtrand an der Bürglenstrasse, vorbei an einem Holzkiosk, in dem ein uralter Mann wie eine Spinne im Netz sass, vorbei an den bombierten Gläsern mit Süssholz, das für zwei Rappen pro kleiner Stengel zu haben war, vorbei an dem Kioskinhaber, der sich regelmässig um 07.50 Uhr mit Aufziehrasierapparat über seiner offenen Ware rasierte – Gottseidank hatte das Süssholzglas einen haarstoppelabweisenden Deckel –, vorbei am Bern meiner Jugendjahre, am Perimeter von anderthalb Kilometern, in dem ich mich geborgen, ja sicher fühlte. Verliess ich mein Revier Richtung Bärengraben oder Marienstrasse, begann das Abenteuer. Es fand meist am schulfreien Mittwochnachmittag statt: runter zum Bärengraben und hinauf durch die mir damals endlos scheinenden Lauben, aufgehalten nur durch Schaufenster mit Spielwaren, Modellautos oder Würsten, mein damaliges Hauptsteckenpferd. Beim Betrachten der Würste – auch durch die Schaufensterscheiben – lief mir das Wasser im Mund zusammen, so dass ich, in der Stadt, beim Loeb, angekommen, einen Bärenhunger hatte, den mein Grossvater mit seinem im Office des Loebschen Tearooms deponierten Kässeli, nach einem kurzen Besuch in seinem mit riesengrossen Ledermöbeln bestückten Büro – er hatte ja immer «schrecklech z'tüe» – jeden Mittwoch mit bernischer Behäbig- und Exaktheit teilweise stillte. Ein Glas Milch und zwei «Füferstückli» oder ein «Füfzähnerstück» war das Budget, das genau einzuhalten war; in mir tobte jedesmal der Kampf: «Zwöi Stück, wo länger dure, oder äbe nume eis, aber derfür ds'türere u ds'grössere!»

Später änderte sich mein Verhältnis zum oberen Teil der Stadt, nicht zu Bern, wohlverstanden, es wurde ambivalenter: Denn, stellen Sie sich vor, wie schwierig es ist, als François Loeb seine ersten «Rennen» am Loeb-Egge abzumachen – unmöglich – oder, wenn ich permanent beim Vorstellen nach der Nennung des Namens mit der Frage konfrontiert wurde: «Chömmet er us em Waarehus?», worauf ich die Standardantwort entwickelte: «Nei, ig bi im Spital gebore!». Auch eine Art, sich zu wehren!

Ja, und dann, später, während der Militärdienstzeit und meinen Studienjahren in St. Gallen war Bern für mich Besuchsstadt, Sonntagsstadt, Ausruhstadt, Auftankstadt für geistige und körperliche Kost. Das Durchstöbern von Buchhandlungen und Antiquariaten, das dadurch mögliche Entfliegen in andere Welten mitten in Bern, das sichere Landen auf beiden Füssen in den heimischen Lauben, der Sonntagsbraten zu Hause, das stundenlange

Diskutieren, unbeschwert von Zeit, Tag und Nacht, der unvermeidlich überfüllte Sonntagabendzug, winkende Hände, Uniformen, Taschentücher und wohl auch sorgsam versteckte Tränen, die salzig auf den Lippen brannten. Abschiedsschmerz, wenn auch schon vor Flamatt, Zollikofen oder Ostermundigen verflogen, übertüncht durch lautes Schwatzen, Singen.

Dann die Jahre in der Fremde, Bern entrückt, erscheint im Traum als feste Insel, als Burg, in der sicher aufbewahrt die Jugendschätze ruhen.

Nach Jahren der Umzug zurück nach Bern – das Milchgässli, nun dem erwartungsvollen Lachen der Schülerhorden entzogen, der neue Bahnhof steht bereits – fällt in eine persönliche Umbruchzeit. Das Warenhaus ist jetzt nicht mehr mit dem Spruch «im Spital geboren» abzutun, es ist nach dem Tod meines Vaters zu leiten, die Verantwortung ist von einem auf den anderen Tag erschienen, hat nicht angeklopft und sich auch nicht artig angemeldet, sie ist einfach da, fordert, und doch wird sie gemildert durch das «Heicho nach Bärn», das Wiederentdecken der Lauben und Gassen, der Brunnen und Erker, der Keller und Theater, der Treppen und Terrassen, der ersten Frühlingssonnenstrahlen, die wärmend ihren Weg in die Februar-Gassen finden. Und jetzt plötzlich, in der Verantwortung stehend, ist der «Aareschwumm» nicht mehr so einfach der sich immer schneller drehenden Uhr abzuringen, es «längt» zwar «no gäbig» fast täglich zum «Stadtchehr»; die, welche einen kennen, grüssen freundlich, schauen kritisch: «Breschtierts ächt dä jung Schnufer?» blitzt es aus ihren erfahrenen Augen mir entgegen. Ich setze mehr Zeit ein, um es zu «breschtiere», die, wie konnte es anders sein, ich mit gespitzter Zeitrafferklinge meinen «Stadtchehren» abzwackte, so dass Bern zwar da, aber wieder etwas entfernter war und ich mich statt mit einem täglichen Bernvollbad mit Laubenhauchwind zu begnügen hatte.

Schon jetzt aber freue ich mich auf die Zeit, in der ich wieder wursträumend mir in der unteren Stadt den Hunger holen, um dann nicht beim Loeb, aber kurz davor, nach ausführlichen Laubengängen bei einem «suure Most» mit einem feinen Lyoner und knusprigen «Mürggeln» mich stärken werde, um danach frisch, mitten am Nachmittag, auf der Bundesterrasse, auf einem «Bänkli» sitzend, Vögel zu füttern, oder an einem Regentag den Galerien nachzugehen, oder aber einfach vor einer Baustelle stehenzubleiben und zuzuschauen, denn solche wird es ja sicher auch dann noch geben, sei es auch nur am schönsten aller Münster, das ich kenne, dem Berner Münster!

sonntag 6. August 1995. liebesbrief an bern; auch ein sonntagsbrief. seine liebe ging durch den magen, sagte man von leuten, die gerne assen. mit dem essen hatte ich vor allem in der kindheit zu tun, mit dem fleischessen, da mein grossvater luginbühl metzger war, mein onkel metzger war und mein vater metzger, aber auch schlächter war. war war war, und diese geschichte ist wahr. wie heisst es im kinderlied, rot, rot, rot ist meine liebste farbe, drum lieb ich, was rot ist, weil mein vater metzger ist, juhee… ich pflücke mir ein geschichtchen, das zu bern passt, das blut und der bär. ein liebesbrief an den bären und an das blut. ein sonntagsspaziergang. selten spazierte vater, der, müde von der wochenarbeit, mehr daheim auf dem ruhbett lag als auf dem stuhl oder bank der wirtschaft. ab und zu aber durfte ich mit ihm auf seinen sonntagswildwechsel. das wort wildwechsel statt spazieren war typisch für ihn, er liebte nicht die blumige, sondern die fleischige sprache. so gings der aare entlang, von der lorraine her gegen den bärengraben zu. der erste halt beim blutturm, der auf der andern seite der aare lag. der blutturm, in dem menschen geköpft wurden und durch ein kleines loch am boden das menschenblut in die aare gelaufen sei. über dem blutturm spannte sich die rote brücke, ein filigraner eisenprügel über der aare. eine fussgängerbrücke, über die aber auch die eisenbahn rumpelte und die bange frage der kinder, kommt er oder kommt er nicht, der laute zug mit seinem zugwind, immer eine bange frage: benützt wohl oben gerade jemand die zugstoilette? dass man meine lieblingsbrücke abriss, machte mich traurig, die eichenbodenbretter hatten centimeterritzen, und wir legten uns als kinder hin und schauten runter auf die fliessende aare. nichts als wasser sah man und hatte ein schwindelndes gefühl mitzuschwimmen. als die brücke weg war und nur noch die pfeiler dastanden, die man von der neuen lorrainebrücke oben mit einem grossen kran abbaute, stand ich am fluss unten, sah, wie mühsam der kranführer versuchte, die steine, die unten am pfeilerfuss immer schwerer wurden, nach oben zu heben. stundenlang starrte ich auf den pfeiler, als der kran schräge wurde, immer schräger und dann mit getöse aufs aareufer aufschlug, liegen blieb in einer staubwolke. der kranführer sei auf der stelle tot gewesen. mit meinem vater war ich schon in der sonntagsfrühe am bärengraben. der bärenwärter spritzte immer den bärengraben sauber. die bären klopften laut an die eisentüren, denn raus wollten sie wohl ins rüebliparadies. nun mit dem bärenwärter konnte mein vater lange plaudern, auch über das nächste bärenschlachten. ich durfte dann mit in die unterirdischen zwinger und sah oft kleine bären, die nicht grösser als eine katze waren. eine der berühmtesten bärenmütter war käthle, also katharina, die besonders gut auf die jungen aufpasste. als ich ein junges streicheln

Bernhard Luginbühl
Geboren 1929 in Bern. Lehre als Bildhauer, erste Figuren in Holz, Stein und Gips, dann ausschliesslich Eisenplastiken, Zeichnungen und Grafiken.

1960 Kricke, Luginbühl, Tinguely, Kunsthalle Bern
1964 Biennale in Venedig
1970 Monstre de Milly, Jean Tinguely / Niki de Saint Phalle und Bernhard Luginbühl im Wald Fontainebleau (Paris)
1977 Forum Metall, Linz (Donauatlas)
1979 Jean Tinguely & Bernhard Luginbühl im Städel
1989 Reithalle Bern – Kunstmuseum Bern
1994 Fahrbare Skulptur, umgeänderter Trax, Name: XART, gebaut von Bernhard, Basil und Jwan Luginbühl

Verbrennungen

1976 Zorn 1 Hommage Adolf Wölfli & Christoferus, Bern
1978 Zorn 2 Walzertraum, Bern
1978 Zorn 3 Linzerzorn, Linz
1981 Zorn 4 Berliner Zorn, Berlin
1981 Linzerfunkenwolkenfeuer
1983 Der letzte Zorn, Burgdorf
1989 Phönix, Von Roll Obergerlafingen
1993 Fanal, Allschwil
1993 Relsa, Mötschwil

wollte, knurrte es aus dem knopfaugenkopf, und man riss mich von käthle weg. im bärengrabenkeller wurde auch abundzu der nächste bärenabschuss besprochen. raffen wir zeit und geschichte, der bernergrabenbär soll aber mittelpunkt bleiben. wir waren echte aarekinder, kannten die aare von der hunzikerbrücke bis zum lorrainenstauwehr. die höchste brücke, von der wir runtersprangen, war die untertorbrücke. wir kannten die wirbel, die einmündungen der gefährlichen kloaken, die wir umschwammen, mieden das ufer unter dem salemspital wegen spitalabwasser. viel schmutziges wurde in die aare geleitet. die abwässer des wylerschlachthauses, und am montag färbte sich dort das wasser rot, wenn grossvieh geschlachtet wurde. nun noch geraffter alles. der letzte bär, den man für ein restaurant schlachten wollte, war die bärin KÄTHLE. ein fest sollte es werden und alle in feststimmung, bevor man ans häuten hätte gehen sollen. man hätte die getötete, erzählte mir ein alter bekannter, in einem restaurant zur schau gestellt, einen franken verlangt, um einen blick auf die KÄTHLE zu werfen, gross sei sie dagelegen, und es schien wirklich, dass sie grösser würde, sich gebläht hätte, büschelweise haare verloren. schlimm stands um die metzgerehre. man hatte im ganzen bärenwirbel vergessen, das tier ausbluten zu lassen, auch hätte man, unglaublich aber wahr, die eingeweide im tier dringelassen. ich kann mir vorstellen, was für eine fuhre es geworden, mit dem kadaver ins schlachthaus zu fahren, nach hinten in die kadaverei, wo man die tiere verbrannt hat. hochbetrieb im schlachthaus, auch ein zebra sei eingeliefert worden, ja diese zufälle, auf jeden fall, sagte mir der erzähler, wäre das gerücht aufgekommen, man hätte KÄTHLE und das zebra gekocht und gegessen. ein liebesbrief an ein anderes bern, die lorraine, die abgerückt vom eigentlichen bern, mit neusiedlern, ein arbeiterquartier bildete. viele meiner mitbekannten waren italiener. das quartier hatte gettocharakter, war nur durch eine strasse erreichbar, ein bahndamm grenzte ab, unten war die aare und nur durch ein schmales brücklein auf dem stauwehr die länggasse zu erreichen.

Geboren und aufgewachsen in Bern*

Paul Nizon
1929, «geboren und aufgewachsen in Bern, in der Länggasse, einem Stadtteil unweit des Hauptbahnhofs», Studium der Kunstgeschichte in Bern und München, Abschluss als Dr. phil. Verliess vor bald 20 Jahren die Schweiz und lebt seither als freier Schriftsteller in Paris. Zahlreiche schweizerische und deutsche Literaturpreise.

Geboren und aufgewachsen in Bern, in der Länggasse, einem Stadtteil unweit des Hauptbahnhofs, der vorn Universitätsviertel ist und damals, hinten um Toblers Schokoladefabrik, Arbeitergegend und noch weiter hinten Schrebergartenzone, Stadtrand und Waldrand war. Es gibt Leute, die die Länggasse als das bernische «quartier latin» bezeichnen. Davon war nicht mehr viel zu spüren, möglich dass es zu Anfang des Jahrhunderts anders war, als dort die russischen Emigranten auftauchten und die Bürgerschaft mit fremdländischen Gewohnheiten und unruhigem Intellekt aus der Ruhe schreckten.
In meiner Kindheit lebten zwar immer eine Menge ausländischer Studenten unter uns, sogar Amerikaner, aber man hätte nicht sagen können, dass sie das Leben in unseren Strassen bestimmten. Sie lebten zurückgezogen, als Untermieter und Schützlinge von Schlummermüttern, und fielen nicht weiter auf. (...)

Die Länggasse war nicht nur von der Universität her mit Ausländern durchsetzt, das Viertel besass eine italienische Minderheit, die schon in zweiter Generation dort lebte. Diese Italiener hatten sich emporgearbeitet, sie waren Früchtehändler, Plattenleger, Maler, Gipser, Velohändler, kleine Unternehmer, es gab kaum eine Schulklasse, die nicht Kinder mit italienischen Namen aufzuweisen hatte. Ich war mit einigen Jungen befreundet, ich fühlte mich zu ihnen hingezogen, ebenso um ihrer Sanftheit wie um ihrer frühreifen Männlichkeit willen. Sie hatten andere Stimmen, dunkle, irgendwie heisere Stimmen hatten die Knaben schon vor dem Stimmbruch, und die Mädchen waren auf besondere Weise anziehend, anders als die oft gackeligen Mitschülerinnen aus bernischen Familien: frühfraulich verhalten gingen sie Phantasien stiftend unter uns. Ihre Familien hatten wohltönende Namen wie Cavadini, Fanazzi, die Kinder hiessen Florindo, Giancarlo, Francesca.

In nächster Nähe unseres Mietshauses stand die Casa d'Italia, an deren Fassade die italienische Trikolore herabhing, eine Art Klubhaus mit Wirtshaus, Versammlungs- und Vergnügungsräumen; und mit einem kastanienprallen Garten, der von hohen Bretterwänden umstellt war. An Sonntagen hörte man die Italiener unter den Kastanien tafeln, es tönte laut und fröhlich, vielstimmig erschallte der Garten, und wir hatten das unbedingte Gefühl, dass es dort schön und lustig und nicht missgünstig und vorsichtig zuging wie in den Mietshäusern nebenan. Mit italienischen Buben trieb ich mich als Knirps in der Casa d'Italia herum, wir sassen an einem Tisch und spielten Schach, während über unsere Köpfe hinweg Flaschen und Hände gereicht wurden und lautstarke Anreden und Reden wechselten. Ich weiss, dass ich mich in dem warmen und wilden Getümmel ebenso angeregt wie geborgen fühlte. An Samstag- und Sonntagabenden gab's Kino, ich hörte

*Auszug mit freundlicher Genehmigung des Suhrkamp Verlages aus «Paul Nizon. Aber wo ist das Lesen. Ein Lesebuch», Frankfurt am Main 1983, S. 9–25

das dramatische An- und Abschwellen der fremden Stimmen in fremden Stücken eines unsichtbaren Illusionstheaters, ich war aufgeregt und sehnsüchtig, und nach Kinoschluss horchte ich von meinem Bett aus noch lange auf die lauten Unterhaltungen der abziehenden und auf der Strasse immer wieder stehenbleibenden diskutierenden Italiener. Die Italiener der Casa d'Italia waren unmittelbar nach Kriegsende aufgetaucht, sie waren Fremdarbeiter, nicht Emigranten, und als ich später die ersten neorealistischen Filme sah, meinte ich in den Protagonisten und Szenen meine Bekannten aus dem Klubhaus wiederzuerkennen. (...)

Bern war jahrelang nur die Länggasse, und sie war ohne Vergleich, war grösser und bedeutungsvoller selbst als New York und Tokio zusammen, als jede Stadt, weil es damals New York und Tokio und alle anderen Städte noch nicht gab. Damals (bei der Erschaffung der Welt) war unser Viertel mein ein und alles. Sogar die Langeweile der Länggasse erscheint mir im Rückblick herrlich. Das Licht der Frühe liegt immer noch auf den Strassen und Winkeln, und dieses Licht ist der Widerschein von damals, als alles niegesehen und erstmalig war.

Die Stadt, besser, die Altstadt oder Innenstadt, die im Unterschied zu anderen Orten nicht ein erhaltenswertes Überbleibsel ist; die «Stadt», obwohl nur einen Katzensprung von unserer Wohnstrasse entfernt, lag jahrelang ausserhalb meiner Reichweite, meines Erfahrungsbereichs. Wir gingen «in die Stadt», wenn ich meine Mutter auf den Markt, ein Amt oder aus anderem Anlass ins Zentrum begleitete. Als ich in die Mittelschule kam, lag die Stadt auf einmal an meinem Schulweg, nein: der Schulweg integrierte mich alltäglich der Stadt.

Die Länggasse liegt hinterm Bahnhof auf einer Anhöhe, und so führte der Schulweg von der Höhe der Universität geradewegs in die Stadt hinunter, ich tauchte jedesmal buchstäblich in deren Niederungen ein. Ich gab mir nicht Rechenschaft darüber, was Stadt und Stadtwelt sei, trotzdem muss ich den Unterschied vom ruhigen Wohnquartier in die belebte Innenstadt sehr deutlich verspürt haben.

Ich registrierte eine Verdunkelung der Luft und Umwölkung der Sinne, eine Art Betäubung. Bauten und Strassen sind plötzlich ein unentwirrbares Gefüge, ein Bergwerk und Höhlensystem, das den Eindringling mit steinernen Flanken und Gängen verschlingt. Die Luft ist nicht mehr die Luft von Gärten, Hinterhöfen und Wegen, nicht mehr Tag- und Zugluft (die letztlich vom Wald oder doch vom Himmel kommt) – Luft und Licht sind eine Art Unter-Tag-Gebräu, und in dieser künstlichen Dämmerung wird der durch und durch steinerne Rahmen zur Bühne. Die Verdunkelung aber ist nicht nur die Folge der steinernen Häufung, das Dunkel ist auch Dämmer einer Patina, einer Altersablagerung; es ist die Heraufkunft versunkener Zeit im Stein. In der Aura des altersdunklen Gemäuers ist geisterhaft alles vorhanden, was innerhalb der Mauern je geschah. Die Geschichte ist flüsternd lebendig, und diese zweite Dimension überlagert das ebenerdige Treiben und hüllt es in ein Geheimnis, das dir die Sinne benimmt.

Ich glaube, dass ich die städtische Sinnesverwirrung sehr stark empfunden habe, als ich mir mit dem neuen Schulweg die Stadt erschloss.

Der Schulweg führte ins Progymnasium, und dieses war in einem Schulhaus am Waisenhausplatz untergebracht. In Ermangelung eines genügend grossen Schulhofs trieben sich die Schüler in den Pausen auf dem Platz herum, in einer Szenerie, die durch das ehemalige Waisenhaus, das jetzt Polizeihauptwache ist, ein Hotel und Kino namens Metropol, eine Mädchenschule sowie allerlei Geschäfte und Wirtshäuser beherrscht war. Mehrmals wöchentlich war dieser Platz Marktplatz, und einmal pro Woche wurde hier ein Schweinemarkt abgehalten. Die Pausenschüler fanden sich dann mitten unter Bauern, die in blauen Hemdblusen oder altväterischen Anzügen aus dunkelbraunem Tuch neben ihren Schweinekisten stehen, ab und zu ein quietschendes Ferkel aus dem Behältnis fischen, es beäugen, betasten, feilschend begutachten und wieder versenken. Die Ferkel haben blaue Stempel auf der rosigen Haut, die Bauern paffen Pfeifchen, die Luft riecht nach Saustall, Tabak und Schnaps. Handschlag, wenn Bauer und Händler sich einig sind. Aus der dünnen Luft des Latein- oder Mathematikunterrichts fielen wir kopfüber auf den derben urwüchsigen Boden des Schweinemarkts.

Wir waren es gewohnt, die Stadt an gewissen Tagen von Bauerninvasionen okkupiert zu sehen. Zweimal wöchentlich werden in Bern grosse Bauernmärkte abgehalten: ein Gemüse- und Früchtemarkt direkt vor dem Parlamentsgebäude und ein Fleischmarkt in der Nähe des Münsters.
Der Gemüsemarkt fand unter freiem Himmel statt und war ein Summen, Drängen, Blühen und Grünen. Der Fleischmarkt aber in der Nähe des Münsters fand teils noch unter den Arkaden der altehrwürdigen Stadtbibliothek statt, in klerikaler, wenn nicht pharisäischer Atmosphäre und in

entsprechend gestrenger steinerner Kulisse; hier wirkte das blutige Handwerk des Schlächtergewerbes mittelalterlich grausam und imposant. Mit ihren zeltüberdachten Ständen nehmen die Metzger Gasse und Lauben in Beschlag. An den Ständen hängen halbe und ganze Tiere, rosige und dunkel verfärbte Tierkadaver von den Haken, und die Markttische sind mit saftigen Fleischstücken und Wurstwaren ausgelegt. Hinter den Tischen die Landmetzger mit den fusslangen weissen blutbesudelten Schürzen. Sie hantieren mit langen Messern und kurzen Beilen, während die Bürgersfrauen herbeiströmen und sich unter den Zeltdächern drängen. Die Bauern kamen aus den verschiedensten Dörfern und Winkeln des Kantons, sie waren nicht verstädtert, und doch erschienen Städter und Bauern wie entfernte Verwandte. (...)

Wir lebten in der Stadt, und wir lebten in der Landschaft. Wir lebten in einer ländlichen Hauptstadt. Wir lebten in einer Stadt auf dem Lande. Die Stadt war keine Grossstadt, dennoch war sie durch und durch Steingestalt. War ich unterwegs, ging ich in breiten steinernen Wannen und Kammern, auf gepflastertem Grunde, einem bis auf die skulpierten und figurengeschmückten Brunnen nackten Pflasterparkett; zwischen bruchlos und wandstark sich ineinander fügenden Häusern. Die Häuser, alle annähernd von der gleichen Höhe und Breite, treten auf Stützpfeilern ins Strassenbett vor, und hinter den Pfeilern liegen die Laubengänge. Die Häuser sind im Erdgeschoss unterhöhlt oder, anders gesagt, sie sind über die Lauben vorgebaut und überwölben solchermassen das Trottoir, kilometerlang. In den Lauben liegt Geschäft neben Geschäft, man taucht in ein Gerüchegemisch, in dem sich der feine Duft von Nelken mit dem starken Aroma gerösteten Kaffees und beides mit den Ausdünstungen der Charcuteriewarenläden und mit dem Parfüm der Damen mischt; auch Patisserie, Schokolade und Wein liegt als Duftspur in der Laubenluft. Wenn es regnete, roch alles noch üppiger, und das Gedränge der Menschen war doppelt so gross. Als Gymnasiast ging ich hier flanieren, um städtische Luft zu atmen, aber mehr noch um Mädchen zu sehen, die ihrerseits Arm in Arm die Lauben rauf und runter promenierten. Wir hatten immer ein Mädchen im Kopf, das uns im Aarebad, auf der Eisbahn oder bei sonst einem Anlass aufgefallen war, wir hofften, in den Lauben würden wir die Schöne kreuzen, wir erregten uns an solchen Aussichten, und wir benahmen uns prahlerisch und überheblich, um die Beklemmung zu verbergen, wenn es soweit war.

Die Lauben waren die kommunizierenden Gefässe der Stadt. Tag für Tag schleusten sie die gesamte Bevölkerung unter ihren Bogen durch, und im Verlauf der Zeit hatte ich den Eindruck, jeden einzelnen Bewohner von Angesicht zu kennen.

Dann kam die Zeit, da mich die Stadt zu beengen anfing. Ich spürte die Last des Steinkörpers nicht nur am Leibe, ich trug sie auf den Schultern, als ob ich unter Jochen und in Katakomben ging. Ich sträubte mich gegen die steinerne Umarmung. Es war, als ob Bern mir die Welt vorenthielte. Als Oberschüler war ich ferienweise in Paris gewesen, seitdem zog es mich ans Licht der Weltstädte mit ihrer vitalen Polyzentrik, Pluralität, ihrer Unermesslichkeit. In der Metropole begeisterte mich das Über- und Nebeneinander der Zeiten und Epochen, die überbordende Durchmischung in jeder Hinsicht, die alle Grenzen aufhob, eine Anarchie, die den Einzelnen auszulöschen drohte, gleichzeitig aber mit einer sonderbaren Lebensgier ansteckte.

Demgegenüber war Bern eine eindimensionale Stadt, die nicht über sich hinaus, immer nur auf sich selbst und die eigene Grösse verwies, die spürbar in der Vergangenheit liegt. Wenn ich die Stadt von einer umliegenden Anhöhe, etwa vom Rosengarten aus ansah, ging mir die wehrhafte Geschlossenheit, die Monumentalität, aber auch die Selbstverkrochenheit auf. Wie die Versteinerung eines gedrungenen Reptils lag Bern in der Schleife der Aare, dieser wässernen Umschlingung, und die Gassen hatten das Gepräge von breiten Furchen, die alle in das Flussknie mündeten. (...)

Nach Abschluss der Schulen wohnte ich in einer Mansarde der Altstadt. Der Familienhaushalt in der Länggasse war aufgelöst und ich «in die Stadt» entlassen. Ich lebte nun unabhängig für mich, zeitweilig ging ich in der Stadt wie in einer fremden Stadt um. Auf meinen Gängen tauchte ich immerfort in diesen bernischen Überlebenstraum ein. Nimm Platz in der Stein gewordenen Geschichte, sagten die Gassen, die Plätze. Nachts, wenn die Stadt ausgestorben und der Stein erloschen dalag, wenn die Strassenzüge ausgeschritten waren, wenn das alte Bern eine graue altersrunzlige Arena bildete, überkam mich ein wahrer Gefangenenkoller. Ich lebte auf Abruf in meiner Geburtsstadt, und als sich eine Gelegenheit bot, verliess ich die Stadt.

Machs na!

Adolf Ogi, Bundesrat
1942 in Kandersteg geboren.
Er ist verheiratet, hat einen Sohn und eine Tochter und wohnt in Fraubrunnen.
Er ist seit 1988 Bundesrat und war 1993 Bundespräsident. Er steht dem Eidg. Militärdepartement vor.

Ich erinnere mich gut, als ich von Kandersteg zum erstenmal – nach Bärn «achi» mitgehen durfte. Die Stadt, der Kantonshauptort und sogar die Bundeshauptstadt hatten mir sehr Eindruck gemacht. Das in den Himmel ragende Münster, die vielen verschiedenartigen, eng aneinandergebauten Häuser und die zahlreichen Menschen waren für mich eine andere Dimension. Und dann noch das Bundeshaus. Ich spürte Ehrfurcht. Ja, wenn ich da zurückdenke –

Trotzdem bin ich ein Berner Oberländer geblieben und somit ein Mensch mit einem ausgeprägten Sinn für die Natur und ihre Schönheiten. Die Liebe zur Natur ist mir gegeben. «Quand on est de la montagne on ne peut pas l'oublier», wie es der Genfer Komponist Emile Jacques Dalcroze in einem Lied über sein Val d'Anniviers ausdrückt. Das Berner Oberland ist für mich das Herz der Schweiz. Es ist ein Teil des vielfältigen Bernbiets. Ich liebe mein Kandersteg, ich liebe meine Kandersteger Berge und die wildromantischen Täler. Aber ich liebe die Landschaft Berns und das Fraubrunnen-Amt nicht minder.

Die Schönheiten der Natur, wie ich sie in meinem Oberland finde, erblicke ich auch in der Aarelandschaft Berns. Wasser und Eis des Oberlands haben einst die Berner Landschaft geprägt. Haben doch die eiszeitlichen Gletscher in mehreren Arbeitsphasen die Bühne präpariert, auf der die Stadt entstehen soll. Nach dem Rückzug der Gletscher hat dann die Aare die Feinarbeit geleistet, die Linien und Schleifen in die Landschaft gezeichnet, die Halbinsel, auf der die Stadt Bern steht, geformt. Und so fliesst denn das Wasser, auch dasjenige der Blümlisalp, der Kander, dann in die Aare und umspült seit Jahrtausenden in kurzen Bögen, fast slalomartig die trutzigen Ufer Berns und fliesst sanft durch die Berner Landschaft. Hier nicht im Tempo eines Slalomfahrers, sondern im gemächlichen eines Berners.

Bern ist für mich ein faszinierender Kanton wegen seiner Vielfalt, die in der Landschaft, in den Sprachen und Dialekten, in der Architektur und den Baustilen, in der ländlichen und städtischen Kultur zum Ausdruck kommt. Die Verbindung des Ritterlichen mit dem Bäuerlichen, eine Leistung des Staates Bern, ist heute noch zu spüren. Bern ist trotz seiner eigentlich konservativ geprägten Strukturen und Institutionen ein fortschrittlicher Stand der Eidgenossenschaft, weltoffen wie der Blick in die Weite seiner Landschaft. Die Stadt ist ihrer ländlichen Umgebung zugetan. Das zeigt sich gar schön an den Markttagen, wenn sich die ländliche Atmosphäre bis vor das Bundeshaus ausbreitet und ein friedlicher Markt mit einem Kommen und Gehen abgehalten wird. Bern ist nicht nur sympathisch, sondern es hat etwas heimelig Kleinstädtisches. «Bern – ein Bergdorf, das zu gross geworden.»

Welch herrliches Panorama der Berner Alpen von der Bundeshausterrasse, von der Münsterplattform oder gar vom Rosengarten aus! Siebzig, achtzig Kilometer weit schweift der Blick zu den Alpengipfeln hin. Bei Föhnwetter scheinen die Gipfel in greifbarer Nähe. Bern erscheint nun fast als eine Alpenstadt. Aber auch nicht minder fasziniert die Silhouette Berns mit dem in den Himmel weisenden Münster und der dominierenden Bundeshauskuppel. Ich liebe das Berner Münster und bewundere das Bauwerk und seinen Geist. Die Vorfahren haben uns ein grossartiges Erbe hinterlassen.

Bern ohne Münster wäre wie die Berner Alpen ohne die Blümlisalp. Hinter dem Münster sehe ich aber mehr als nur einen Kirchen- und Gottesbau. Das kommt in einem Leitspruch, der am Münster prangt, aufs schönste zum Ausdruck: «Machs na.» Stolzer und selbstbewusster könnte eine Inschrift am Berner Münster nicht lauten. Es ist die Aufforderung, Grosses zu vollbringen; Werke zu schaffen, mit Engagement und Begeisterung, mit Beharrlichkeit über Jahre hinweg und gegen Widerstände. Ich liebe dieses grossartige und beispielhafte Werk. Dahinter steckt Kraft und Mut. Haben wir diesen Mut noch? Haben wir den Drang zum Risiko noch? Der Münsterbau ist Beispiel! Im 15. Jahrhundert wagten sich die Stadt Bern und ihre Burgerschaft an den Bau des Münsters. Ein Grossprojekt würden wir heute sagen. Während Jahrzehnten wurde damals am Münster gebaut. Das Münster war das Wahrzeichen des damals mächtigsten Standes der Eidgenossenschaft und Ausdruck des bernischen Selbstbewusstseins. Die Krönung fand das Münster mit dem Turmbau, immer wieder hinausgeschoben, in der zweiten Hälfte des 19. Jahrhunderts, als sich neuer Schwung zur tatsächlichen Vollendung dieses Baus anbahnte.

Ich sehe im Münster eine staatspolitische Tradition Berns, an die wir uns nicht nur erinnern, sondern die wir pflegen sollen. Ich wünschte mir gar, dass dieser Münstergeist auch im Bundesbern zum Wohle für die Eidgenossenschaft mehr sichtbar würde.

Liebs Bärn, häb Sorg zue Der

Es ist das erstemal, dass ich einer Stadt einen Liebesbrief schreibe. Bis jetzt habe ich immer nur von Dir geschwärmt und Deine Schönheit, Deine Geborgenheit, Deine Wärme andern Leuten – Ausländern und Inländern – zu vermitteln versucht. Es ist schwierig, das Gefühl seiner Stadt gegenüber in Worte zu fassen; ich werde es trotzdem versuchen.

Mich überkommt ein unglaubliches Glücksgefühl, wenn ich Dir nach kürzerer oder längerer Abwesenheit entgegenfahre oder -fliege. Aus allen Richtungen ist Dein Anblick immer wieder überwältigend. Sei es von der Autobahn her, sobald man den Grauholz-Stutz erklommen hat, sei es von der Eisenbahnbrücke, kurz vor der Einfahrt in den Bahnhof, sei es beim Überfliegen, einfach immer. Nicht nur das Heimkommen löst diese Gefühle aus. Wenn ich einmal Zeit für einen Stadtbummel habe, erfreust Du mich bei jedem Wetter. Und wenn ich mich erholen will oder abschalten möchte, wirkt ein Spaziergang zum und durch den Rosengarten Wunder. Die alten Bäume, die majestätisch dastehen und jedem Besucher – so er will – Schutz und Geborgenheit bieten. Der Blick auf die Altstadt und den Gurten, jedesmal in einem andern Licht, die herrlichen Blumen und Düfte, so dürfte es im Paradies sein. Auch im Winter, wenn sich Bäume und Blumen im wohlverdienten Schlaf befinden, strömt dieser Ort etwas ganz Besonderes aus. Dieser Platz und die Aussicht wirken auf mich zu jeder Jahres- und Tageszeit aussergewöhnlich beruhigend und stärkend zugleich.

Natürlich mache ich mir auch Sorgen um Dich, zum Beispiel wenn ich um den Bahnhof herum im tobenden Verkehr stehe. Oder wenn ich die vielen ungeduldigen, oft sogar aggressiven Menschen beobachte, die sich von Deiner Gemächlichkeit und Behäbigkeit nicht anstecken lassen. Oder wenn ich die verschmierten Fassaden sehe, schrille Farben, die wie ein Schrei zum Himmel dastehen. Es gelingt Dir aber immer, mich zu trösten und mir zu zeigen, dass Du Dich nicht unterkriegen lässt.

Glücklicherweise sind auch genügend Leute da, die Dich beschützen wollen und grosse Anstrengungen unternehmen.

Wie lautete doch der Ausspruch unseres früheren Stadtvaters Tschäpätt?

«Jeder Stadtpräsident sagt, seine Stadt sei die schönste. Mit dem Unterschied, dass ich recht habe!» Er hatte wirklich recht.

Liebs Bärn, häb Sorg zue Der.
Ich hoffe, dass es Dir mit uns Bernern ebenso wohl ist wie uns mit Dir.

Eugénie Pollak Iselin
Geboren 1948 und aufgewachsen in Bern, kaufmännische Aus- und Weiterbildung, verheiratet, stolze Vizemutter und -grossmutter. 1989 Amtsübernahme des Militärischen Frauendienstes. Wichtigste Tätigkeit: Einsatz zur Erreichung einer Gleichstellung von Frauen und Männern in Armee und Gesellschaft.

Mein liebes Bern

Einen Liebesbrief soll ich Dir schreiben? Warum glaubst Du überhaupt, dass ich Dich liebe? Wir beide sind schliesslich nur ganz zufällig zusammengekommen, weil ich vor über 60 Jahren in Deinem Frauenspital geboren und dadurch Berner geworden bin. Ich hatte dann das grosse Glück, in Deiner Aareschlaufe, das heisst in Deinem Herzen, aufwachsen zu können. In meiner Jugendzeit hatte ich Gelegenheit, Dein Innenleben bis in die kleinsten Winkel kennenzulernen und Dich damit auch gern zu bekommen, so wie man als Kind seine Stadt, in der man aufwächst und sich entwickelt, eben gern hat.

Doch dann kam die grosse Welt. Mit 20 wurde für mich als jungen Touristen Paris die grosse Liebe auf den ersten Blick. Fünf Jahre später war ich zum dritten und bis heute zum letztenmal dort, und das lodernde Strohfeuer ist bald einmal zum Erlöschen gekommen. Als 30jähriger verliebte ich mich Hals über Kopf in Amsterdam; immer wieder fuhr ich die 800 Kilometer dorthin, um die Stadt mit ihren Grachten an der Amstel zu geniessen. Doch diese Liebe war zu weit entfernt, und ich lebte schliesslich bei Dir oder um Dich, in Bern.

Um die 40 herum kam ich, auf keinem der vielen Wege, sondern durch die Luft geflogen, erstmals in die ewige Stadt Rom. Endlich hatte ich meine echte grosse Liebe gefunden. Danach zog es mich immer wieder zu ihr hin, doch leider nur als Tourist. Einmal dann, ich war bald 50 Jahre alt, führte mich einer der vielen Wege über eine Renaissance-Stadt namens Florenz, und da war es um Rom geschehen. Wie noch nie zuvor verliebte ich mich voll und ganz in die schönste Stadt der Welt. Diese Liebe ging so weit, dass ich als nebenberuflicher Reiseführer verschiedene Male Bernerinnen und Berner dorthin fahren liess, um ihnen auf sicher eindrückliche, aber auch schwärmerische Art die Stadt meines Herzens zu zeigen. Ich wollte meine Liebe mit möglichst vielen Bernern teilen. Doch als dann einmal eine Bernerin in meiner Gegenwart einen alten Fiorentiner fragte, wie lange man in Florenz bleiben müsse, um es richtig kennenzulernen, gab dieser zur Antwort, dass er schon bald 70 Jahre hier lebe und hoffe, es einmal ganz zu kennen. Vielleicht hat in diesem Moment meine Liebe zu Dir, Bern, ganz zaghaft und vorerst ansatzweise begonnen.

Als ich dann ein Jahr lang fast ständig von Dir weg war und schon begonnen hatte, mich in ein abgelegenes Tessiner Tal zu verlieben, da ist es Dir aus der Ferne gelungen, mich für Dich, meine Vater-, meine Mutter-, meine Geburtsstadt, zu gewinnen. Per Zeitungsannonce hast Du mich zurückgeholt und mir das vielleicht grösste, aber sicher höchste Privileg meiner Jugenderinnerungen zufallen lassen: Ich wurde Dein Münsterturmwart. Und dann begann sich unsere, ich hoffe gegenseitige Liebe zu ent-

Peter Probst
Geboren 1932. Schulkind und Münsterturmtreppenwischerbub. Wollte nicht Lokführer, sondern Münsterturmwart werden, musste aber einen anständigen Beruf erlernen. Wurde dabei immer unanständiger, bis es hiess: ein schräger Vogel. Als solcher vor zehn Jahren zum Münsterturmwart gewählt.

wickeln. Indem ich mich mitten in Dir und mit Rundsicht auf Dich hinunter auf dem Turm eingenistet hatte, lernten wir uns beide erst so richtig kennen. Jeden Tag kann ich an Dir etwas Neues entdecken, denn seit ich eigentlich auf Dich hinunter schauen sollte, schaue ich in Dich hinein.

Während mir Deine Fassaden, Gassen, Winkel und Treppen, Deine Aareufer, Quartiere, Parkanlagen und Wälder immer vertrauter und bekannter werden, lerne ich Dich auch von innen her betrachten. Und dabei sehe ich: Du bist nicht nur eine idyllische, fahnen- und geraniengeschmückte Fassaden- und Touristenstadt. Gewiss, Du bist sehr fotogen, das beweist Fernand Rausser hier mit seinem dritten Bildband über Dich aufs beste, doch Du bist nicht vollkommen, nicht perfekt.

Du hast viele falsche Zähne, aussen Barock und innen High-tech, die Fassaden wohnlich, doch die Wohnungen Verwaltungen. Du hast Lärmschluchten, dahinter kleine, aber private Paradieschen. Du hast viele Deiner schönsten Lebensräume dem motorisierten Verkehr geopfert. Deine weltbekannten, hochgepriesenen, arkadengeschmückten Gassen sind mit abgestellten Karosserien verunziert, und Deine Ladengeschäfte sind bald einmal die gleichen wie in Paris, Amsterdam, Rom und Florenz. Viele wertvolle Lebensqualitäten, die Dich früher besonders begehrt gemacht haben, hast Du verloren; aber bietest Du dadurch wirklich neue Qualitäten für gewandelte Ansprüche an?

Du kannst sehr kalt, sehr abweisend, sehr desinteressiert sein, wenn neue Menschen sich für Dich erwärmen wollen. Manchmal scheint mir auch, Du sonnst Dich zu sehr im Glanz Deiner früheren Jahre, trägst Dir deren Schminke etwas zu dick auf. Nun ja, Du bist alt geworden. Doch auch ich bin alt geworden, auch ich habe falsche Zähne. Meine grossen, ach so kurzen Lieben zu den Weltstädten sind Vergangenheit. Wir beide haben uns gefunden; ich muss wohl mit Deinen Fehlern, Deinen Unschönheiten leben, mit Widerwillen oft, doch mit einer leisen Hoffnung:

Ich sehe Dich, wie Du einmal sein wirst, nach mir, denn Du wirst mich überleben. Du wirst eine Stadt, in der das Leben Freude macht, in der sich die Bewohner wohl fühlen, in deren Gassen sich die Leute treffen, zusammen sprechen, spielen und sich amüsieren, und hinter deren Fassaden die Menschen glücklich sind. Du wirst die Stadt sein, als die Du heute in Büchern und Prospekten oft dargestellt und angepriesen wirst, Wärme ausstrahlend, menschenfreundlich und für viele eine echte Heimat.

Bern – eine Frau fürs Leben

Walter Rösli
Geboren 1935. Schulen in Bümpliz, Bern, Paris und London, berufliche Tätigkeit in Bern, London und Zürich.
Seit 1965 im Verkehrsverein Bern, zuerst als Sekretär, seit 1969 als Vizedirektor. 1985 Wahl zum Direktor, gleichzeitig auch Direktor der regionalen Dachorganisation «Verkehrsverband Berner Mittelland».

So lautet der Titel eines Presseartikels, wie ihn der Verkehrsverein in verschiedenen Sprachversionen an interessierte Journalisten abgibt. Für mich, der ich heute wohl im Herbst meines Lebens stehe, aber immer noch männlichen Geschlechts bin und mich füglich als Berner bezeichnen darf, stimmt der Titel auf eigenartige Weise. Nicht etwa wegen der aktuellen, hohen Frauenquote in unserer Stadtregierung. Vielmehr lässt sich meine Beziehung zur Stadt Bern durchaus – wenn auch natürlich nicht ganz in allen Teilen – mit derjenigen zum schöneren Geschlecht vergleichen.

Das Schicksal und meine Eltern haben es gewollt, dass ich in Bümpliz das dort nicht so gleissende Licht der Welt erblickte. Zu einer Zeit notabene, da Bümpliz bereits von Bern eingemeindet worden war, aber trotzdem nicht so recht zur Stadt gehörte und einen mehr dörflichen Charakter hatte, dem ich mich ohne Mühe anpasste. Meinen Erinnerungen an die frühe Kindheit muss ich aber entnehmen, dass «die Stadt» schon damals eine gewisse Anziehungskraft ausübte. Die Spielwarengeschäfte waren viel grösser, das Weihnachtsmärchen im Stadttheater etwas Ausserirdisches und das mit Wasserkraft betriebene Marzilibähnli ein Ort für stundenlanges Staunen. Aber leider änderte sich diese unschuldige Beziehung drastisch, und zwar wohl bezeichnenderweise ungefähr gleichzeitig mit dem Beginn meiner Pubertät. Da wurde ich nämlich ohne Rücksicht auf meine eigenen Wünsche zuerst in das städtische Progymnasium und danach in das ebensolche Gymnasium abkommandiert, und es begann meine erste, echte Hass-Liebe zu diesem unbekannten Wesen Stadt Bern. Vieles an ihm zog mich an und faszinierte: das unschuldige Paarungsspiel des «Rohrens», bei welchem man durch länger dauerndes Promenieren unter den Lauben in der richtigen Richtung auf ein zufälliges Treffen mit der heimlich Verehrten zählen konnte; die Verlockungen der zahlreichen Cinémas, in denen die Altersgrenze nicht so eng gesetzt wurde, und im «Central», wo man auf Holzstühlen gebannt die ersten Western-Filme konsumierte; das Schulbaden zuerst im Marzili-Bueber, dann in der Aare; das erste Symphoniekonzert im Casino oder ein Europacup-Fussballspiel im imposanten, modernen Wankdorfstadion. Das pulsierende, aufregende Wesen der Stadt eben. Was war schon Bümpliz dagegen? Dort behandelten mich meine früheren Schulkollegen als eingebildeten «Stadtmöff», was ihnen um so leichter fiel, als wir gegen Strafe verpflichtet waren, auf dem Schulweg eine Schulmütze zu tragen, die uns als Gymnasiasten brandmarkte und die ich einmal aus Wut aus dem Zugsfenster warf, ohne dass es etwas nützte. Und in der Bäckerei begrüsste man mich mit «Walterli», dabei wollte ich doch eher eine Art John Wayne sein. Aber richtig zu Hause war ich halt doch hier, wo es auf dem Schulweg noch Äpfel zu klauen gab und ich mich notfalls hinter dem Vater verstecken konnte.

Offenbar endete auch für mich dann irgendwann die Pubertätsphase und damit das erste Verhältnis zum Wesen Stadt Bern. Es kam die Zeit des vermeintlichen Erwachsenseins und des Besserwissens, die Suche nach dem Grösseren und damit auch Besseren. Bern – und schon gar nicht Bümpliz – genügte nicht mehr. Deshalb verbrachte ich einen grösseren Teil meiner strammsten Mannesjahre freiwillig in solchen Grossstädten wie Paris und London und gezwungenermassen auch in Zürich. Arbeiten musste ich überall, um mein Leben zu verdienen, leider. Denn der Verdienst war so ungefähr das einzige, was mir noch Schranken setzen konnte. Covent Garden statt Stadttheater Bern, Wembley- statt Wankdorf-Stadion, Moulin Rouge statt Perroquet, Louvre statt Kunstmuseum, war dies nicht das einzig Wahre? Gut, das sei zugegeben: für ein Bad in der Aare war kein Ersatz zu finden. Aber sonst überwog das eingebildete Gefühl, die ganze Welt hätte mir zu gehören und Grenzen seien da, um überschritten zu werden. Die wahre Liebe war entdeckt, der «Schulschatz» Bern vergessen, oder vielleicht doch nicht ganz?

Welche Art Sex-appeal die Stadt ausstrahlte, der mich wieder zu ihr zurücklockte, vermag ich heute nicht mehr zu sagen. Aber Tatsache ist, dass ich mich plötzlich wieder nach der Stadt sehnte, die eigentlich alles hatte – vielleicht nicht so gross oder so gut –, aber dafür noch etwas mehr: Wärme und eine menschliche Dimension, überblick- und fassbar zugleich; Geschichte und Tradition, in denen man Wurzeln schlagen kann; Mutter und Geliebte zugleich. So kehrte ich halt in reiferen Jahren wieder richtiggehend heim und fühle mich seither in Bern rundum zu Hause.

Dies um so mehr, als mich mein Beruf als Tourismusförderer für die Stadt Bern in zahlreiche andere Länder und Städte geführt hat und meine Vergleichsmöglichkeiten mit Städten wie New York, Hong Kong, Sydney, Tokio usw. angereichert worden sind. Aber weil man vielleicht im Alter auch kritischer wird: verführen wird mich kaum noch eine andere Stadt! Wenn ich daran denke, wie Millionen von Bewohnern in Tokio keinen Garten vor dem Haus sehen und künstlich Miniaturbäume züchten, um etwas Natur geniessen zu können, dann schätze ich einen Spaziergang durch unsere Englischen Anlagen wieder doppelt. Und bei der Erinnerung an meinen jahrelangen Arbeitsweg in London, mehr als eine Stunde in der Underground zusammengepfercht, erscheint mir der Bümpliz-Bus in der Stosszeit wie ein Panorama-Wagen der Brünigbahn. Auch fehlt mir leider oft die Gabe, einige unserer brennenden politischen Probleme ernst genug zu nehmen, weil mir zum Beispiel bei den Diskussionen um die Reitschule die Vorstadt-Slums von Paris in den Sinn kommen oder ich die Verkehrslawine im Bollwerk mit den Stadtautobahnen von Los Angeles vergleiche. Offenbar ist halt einfach alles eine Frage des Masses.

Und was das Mass an Lebensqualität betrifft: Gott, bin ich froh, gerade mit Bern verheiratet zu sein!

Wenn ich Dich, Bern, anrede, dann rede ich Dich in erster Linie als Stadt an. Aber nicht als Bundeshauptstadt, nicht als Hauptort des zu Dir gehörenden Kantons, einfach Dich als Stadt. Das ist verständlich, schliesslich bin ich hier geboren, hier habe ich meine Kindheit und Jugend verbracht, Schulen erlebt und erlitten, hier habe ich unsere Kinder zur Welt gebracht, hier habe ich meistens gearbeitet, und seit einigen Monaten wohne ich wieder innerhalb Deiner Mauern.

Du, Stadt Bern, bist mir Heimat. Dich kenne ich intimer als jeden andern Ort, ich kenne Deine heimlichen Ecken, wo wir unsere Kinderspiele gespielt und unsere ersten Lieben geliebt haben. Ich weiss, wo Du am schönsten und wo Du am hässlichsten bist, ich kenne Dein offizielles und Dein ganz privates Gesicht. Ich liebe Dich, wenn Deine Gassen im morgendlichen Sommerlicht leuchten, wenn Nebelschleier in den goldenen Bäumen des Aarehanges liegen, wenn Schnee Deine Dachlandschaften zu graphischen Zeichnungen macht. Und ich hasse Dich, wenn Deine grauen, schweren Sandsteinmauern die Tristesse eines trüben Regentages noch vertiefen und abweisend nichts vom Leben hinter ihnen preisgeben wollen. Ich bin stolz auf Dich, wenn ich Dich zusammen mit Touristen vom Rosengarten aus bewundere, wie Du, eingebettet in den Aarebogen und ins Grün Deiner Bäume, zum vollkommenen Bild geworden bist. Aber ich ärgere mich, wenn es in Deinen Gassen und Strassen kaum mehr irgendwo still ist, weil der Autoverkehr Dich in Besitz genommen hat.

Wenn ich «Bern» denke, sehe ich aber auch Landschaften, weiche Emmentaler Hügel, jurassische Parklandschaften mit breiten, dunklen Tannen, Bilder von flirrender Hitze über abgeernteten Stoppelfeldern vor breit und behäbig dastehenden Bauernhäusern, Kalenderbilder vom Thunersee mit Eiger, Mönch und Jungfrau. Ich liebe diese Landschaften, liebe diesen Kanton mit seiner Vielfalt, mit seinen alten Städtchen, seinen vielen Wäldern, Wassern und Gipfeln.

Trotzdem habe ich Mühe, mich zu erheben, wenn der Bernermarsch ertönt, wie das in hiesigen Politkreisen erwartet wird. Ob das in andern Kantonen auch so ist? Hast Du, Bern, das immer noch nötig, dass wir vor Dir strammstehen? Ist das nicht Ausdruck des alten, selbstherrlichen und selbstgefälligen, etwas männerbündlerischen BGB-Bern, das wir spätestens seit 1986 überwunden glaubten? Mein Vater, ein freisinniger, recht «hoher» Bundesbeamter, sagte mir immer wieder: «Wenn Du in Bern dazugehören willst, musst Du in der BGB (heute SVP) sein, musst in Gremien wie dem Kantonalbankrat, dem BLS- und dem BKW-Verwaltungsrat sitzen! Sonst hast Du nichts zu sagen.» Durch einige Zufälle des Schicksals sitze ich heute in fast allen dieser Gremien, noch dazu im Regierungsrat.

Dori Schaer-Born
Verwitwet, zwei erwachsene Kinder (Sohn und Tochter). 1942 in Bern (Breitenrainquartier) geboren und auch da aufgewachsen. Von Beruf Lehrerin. Zwei Arbeitsaufenthalte in der Dritten Welt (Brasilien und Thailand). Seit 1985 in der Politik als Gemeinderätin, dann Grossrätin und seit 1992 Regierungsrätin (Vorsteherin der Bau-, Verkehrs- und Energiedirektion). 1995/96 erste Regierungspräsidentin des Kantons Bern.

Trotzdem gehöre ich nicht wirklich «dazu», habe ich nicht «das Sagen». Weshalb? Weil ich eine Frau bin? Oder eher, weil ich nicht in der «Ässvoupee» sitze? Der Einfluss, den diese ländlich dominierte Partei formell und informell immer noch ausübt, ist gross.

Angst macht mir der Röschtigraben. Aber weniger der vielzitierte zwischen den Sprachregionen als der zwischen städtischen Agglomerationen und dem Land. In allen wesentlichen Abstimmungen der letzten Zeit war dieser Graben spür- und fassbar.

Du, Kanton Bern, wirst zusammen mit der Eidgenossenschaft in nächster Zeit schwierigste Probleme anzugehen haben. Dafür brauchen wir mehr Einigkeit, müssen wir voneinander lernen: die Städterinnen und Städter von der bäuerlichen Bevölkerung ihr Verwurzeltsein, ihren Sinn für wirkliche Werte, von Gewerbetreibenden ihren Realitätssinn. Ländliche und gewerbliche Menschen aber von ihren städtischen Mitbürgerinnen und Mitbürgern ihre Offenheit, Neugierde und Bereitschaft für Neues, ihren Willen, Grenzen zu öffnen und zu überspringen. Wenn es uns nicht gelingt, diese Gräben zwischen Stadt und Land zuzuschütten, wird ein Kanton wie Bern kaum eine wirkliche Daseinsberechtigung mehr haben. Dann wären regionale Strukturen angemessener.

Du, Kanton Bern, bist zu meinem beruflichen Schicksal geworden. Die Vielfalt Deiner Landschaften entspricht der Vielfältigkeit Deiner Bevölkerung. Das macht meine Aufgabe so faszinierend und manchmal so schwierig. Jeder Teil Deiner Bevölkerung sieht sich im Zentrum, fühlt sich oft schlechter behandelt als andere. Die Jurassierin fühlt sich vom Mittelländer übervorteilt, der Städter glaubt, alles Geld ginge in die Randregionen, während der Seeländer Baumeister glaubt, nur in der Stadt sei noch Geld vorhanden, der Emmentaler hat Ressentiments gegen die Oberländer usw. usf. Auch hier gilt: Nur wenn es uns gelingt, wieder den Blick von individuellen und regionalen Partikularinteressen weg aufs Ganze zu richten, hat ein Kanton von der Grösse und Vielfalt Berns überhaupt ein Überlebensrecht.

Ich möchte, dass Du, Bern, überlebst. Aber nicht als Kanton, wo man genau weiss, was recht ist, wo man's macht, wie man's immer gemacht hat, wo man stehen bleibt, sei dies nun links oder rechts. Denn mein Bern ist das Bern der Offenheit, des Fortschreitens, des Neue-Wege-Suchens. Es ist ein Bern, das zwar seine Traditionen liebt und pflegt, sie aber nicht als Ruhekissen benützt, sondern als Sprungbrett.

Lob an das andere Bern

Bern ist ohne Zweifel eine kulturell, wirtschaftlich und politisch bedeutende Stadt. Das erlebe ich als Politikerin vielfältig. Unsere parlamentarische Gruppe für Kulturfragen bietet uns schon morgens um 06.30 Uhr auf, um uns die Schönheiten der Altstadt von Bern nahezubringen. Die Wirtschaftsführer reden ganze Abende lang auf uns ein, um uns ihre Forderungen verständlich zu machen. Warum kandidieren sie nicht selbst? Es wäre doch soviel einfacher, selbst tätig zu werden, als widerborstige Parlamentsmitglieder überzeugen zu wollen. Und die politische Bedeutung geben wir als Angehörige des eidgenössischen Parlamentes der Stadt selbst. Dies natürlich nur von Zeit zu Zeit, sind wir doch nur ein Teilzeitparlament. Für die wirkliche politische Bedeutung sorgen sowieso Regierung und Verwaltung. Die Zeiten unserer Abwesenheit fallen also nicht ins Gewicht!

Aber über diese kurz erwähnten Themen: Kultur, Wirtschaft und Politik in Bern, will ich gar nicht schreiben. Ich wollte nur zeigen, dass ich mir der Bedeutung und Ernsthaftigkeit der Einrichtungen unserer Bundesstadt durchaus bewusst bin.

Nein, ich schreibe nicht über das, was Bern bedeutend macht. Ich schreibe über all das, was Bern für mich liebenswert macht. Und das ist nicht wenig. Das beginnt schon am frühen Morgen im Schnellzug, den ich in Olten besteige, wenn ich kurz nach 08.00 Uhr in Bern ankommen will. Im Speisewagen ist die Familie der morgendlichen Bernfahrer versammelt. Sie arbeiten noch am Laptop, sie rascheln vorsichtig mit den Akten, sie unterhalten sich leise über das Neueste. Es wird Rücksicht genommen auf diejenigen, die arbeiten, und auf die selteneren Morgenmuffel mit kleinen Äuglein und schweren Lidern. Von den täglichen Kunden wissen die Kellner zum voraus, ob es ein Kaffee mit Gipfeli oder ein Frühstück sein soll.

Nebst vielen anderen Läden beherbergt der Bahnhof Bern auch eine Buchhandlung. Sie ist, welcher Luxus, auch am frühen Montagmorgen offen. Das führte dazu, dass vor einiger Zeit zwar Stösse des neuen, sehnlichst erwarteten Buches von Urs Frauchiger «Entwurf Schweiz» auf dem Ladentisch lagen, der Verkäufer aber nicht wusste, wieviel es kostet. Verzweifelt versuchte er verschiedene Stellen zu erreichen. Auskunft konnte er erst ab 10.00 Uhr erhalten. Ein Kunde erinnerte sich vage, dass der Preis Fr. 34.– betragen könnte. Wir offerierten diesen Betrag, natürlich mit dem Versprechen, wiederzukommen, wenn der Preis höher wäre. Siehe da, der Handel wurde perfekt. Alle, die nicht warten wollten, bekamen ihren Frauchiger. Wie wohltuend, im Zeitalter der Computer und elektronischen Registrierkassen wieder einmal ein Geschäft gleichsam per Handschlag abschliessen zu können!

Gestehen will ich auch, dass noch eine andere Ecke des Bahnhofs immer

Judith Stamm
wurde in Zürich geboren, besuchte dort die Schulen und die Universität, wo sie mit dem Lizentiat in Rechtswissenschaft abschloss und später noch eine Dissertation schrieb.
1960–1980 in Luzern tätig bei der Kantonspolizei, als Jugendanwältin und als wissenschaftliche Mitarbeiterin des Erziehungsdepartementes. Mitglied der CVP.
1971 Wahl in den Grossen Rat des Kantons Luzern, 1983 Wahl in den Nationalrat.
Seit 1989 Präsidentin der Eidgenössischen Kommission für Frauenfragen.

wieder mein privates Entzücken wachruft: das Schaufenster mit den Caran-d'Ache-Bären, die sich bewegen. Hier kann ich stehenbleiben und staunen. Nicht weil ich heute von dieser Reklame überwältigt wäre. Aber weil ich dann, vor dem Schaufenster, das Judithli antreffe. Ich fühle noch in mir das Hingerissensein des kleinen Mädchens vor diesem damals wunderbaren und einzigartigen Geschehen, das uns geboten wurde. Und alle aufmerksamen Kinder, die heute noch eilige Mütter und vorwärts strebende Väter am Ärmel zum Schaufenster ziehen, haben mein vollstes Verständnis.

Aber Bern besteht nicht nur aus dem Bahnhof. Bern hat auch eine Münsterplattform. Diese durchquere ich jeden Morgen auf meinem Weg ins Bundeshaus. Ich kann mich nicht satt sehen an der grandiosen Aussicht auf den immer wechselnden Himmel und den stattlichen Fluss. Unterbrochen wird das Bild durch die Brücke auf hohen Pfeilern, über die am Morgen geschäftig die Strassenbahn, vollbepackt mit Menschen, fährt. Auf der Münsterplattform treffe ich vereinzelte eilige Zeitgenossen, die an die Arbeit streben, gemächlichere Spaziergänger mit Hunden, gelegentlich eine Gruppe Menschen, die sich dem Tai-Chi hingibt. Zur Münsterplattform aber führt mich der Münsterlift. Und mit den freundlichen Männern, die das Liftführeramt versehen, politisiere ich gelegentlich schon am frühen Morgen. Da bekomme ich dann willkommenes Echo auf die parlamentarische Arbeit vom Vortag, günstiges oder kritisches, je nach Vorlage, die zur Debatte stand. Gespräche, politische und andere, führe ich auch mit all den immer zuvorkommenden Chauffeusen und Chauffeuren der Taxis der Bundesstadt. Da treffe ich Einheimische oder Zugewanderte aus vielerlei Ländern. Die Situation in diesem Berufszweig ist hart. Denn die vielgepriesene Deregulierung bedeutet auch hier nicht Freiheit für alle, sondern freie Fahrt für die Stärkeren.

Es gibt in Bern noch ganz spezielle Männer. An ihnen führt kein Weg vorbei, wenn ich ins Parlament gelangen will. Das sind die drei überlebensgrossen, in Stein gehauenen Eidgenossen in der Eingangshalle des Bundeshauses. Vor Jahren trug ich mich mit dem Gedanken, ihre steinerne Kälte einmal klammheimlich durch das Überstreifen von Blumengirlanden zu mildern. Düfte und Töne von Honolulu gingen mir durch den Kopf, wo ankommende Gäste schon im Flughafen mit Blumengirlanden begrüsst werden. Als ich mir die Aktion ganz konkret überlegte, sah ich, dass der Aufwand zu gross würde. Und bei wem hätte ich schon Verständnis gefunden für mein Bedürfnis, diese steinernen Gesellen wenn auch nur vorübergehend mit einem Hauch von Schönheit zu verzaubern? Tröstlich war dann, was mir ein Ständerat von seiner Begegnung mit den steinernen Geschlechtsgenossen erzählte. Immer wenn er auf das Bundeshaus zugehe, überlege er sich, welche wichtigen Vorstösse zum Wohle unseres Landes er heute einreichen wolle. Aber immer, wenn er in der Eingangshalle die drei Kerle sehe, meine er diese sagen zu hören: «Auf Dich haben wir gerade gewartet.» Und aus sei es mit der politischen Kreativität!

Das Leben im Bundesbern ist für Angehörige des Parlaments immer eine hektische Zeit. Trotzdem stehle ich mir, ganz selten, einen Abend für einen Theaterbesuch. Das ist ein Ausflug in eine andere Welt, in eine andere Zeit. Denn das Stadttheater Bern ist noch ein richtiges Theater mit festlichen Leuchtern, mit den Farben Gold und Rot. Das Ambiente gehört zum Theatererlebnis. Bern bietet auch sonst noch Nachtleben. So traf ich in der Umgebung des Bundeshauses einmal spätabends einen Mann, der verzweifelt versuchte, in einer Blumenkiste den Kopfstand zu machen. Weil mir das eine gefährliche Übung zu sein schien – mit dem Bruch von Halswirbeln lässt sich bekanntlich nicht spassen –, stellte ich ihn wieder auf die Beine und mich selber vor. Vor lauter Schrecken wurde er auf der Stelle stocknüchtern.

Auch über Mittag stehle ich mich manchmal rasch davon und suche in den Modegeschäften nach etwas, was klassisch, pfiffig und elegant zugleich ist. Der Blick der erfahrenen Verkäuferinnen ist vielerorts für die Bedürfnisse der Parlamentarierinnen geschärft. Ich konnte mich schon in zwanzig Minuten für einen unvorhergesehenen festlichen Anlass tipptopp und preiswert einkleiden. Für kein Kleid, dem «sorgfältige Prüfung» vorausgegangen war, habe ich je so spontane Komplimente geerntet. Und nicht vergessen will ich auch zu erwähnen, dass ich meine Rendez-vous und Stelldicheins vielfach am frühen Morgen beim Frühstück abhalte. Am meisten freut mich immer die Verblüffung meiner Gesprächspartnerinnen oder Gesprächspartner, wenn ich vorschlage, dass wir uns zur frühen Morgenstunde treffen könnten. Es hat eben auch sein Gutes, kein Morgenmuffel zu sein.

In Bern ist für das leibliche Wohl gesorgt. Da existiert eine vielfältige Gastronomie mit Angeboten in allen Preislagen. Berns Gaststätten halten das demokratische Prinzip hoch. Auch mit einem Bundesrat am Tisch wartet man so lange wie das «gewöhnliche Volk» ringsum auf die Bedienung. Das ist auch richtig so. Wenn dann aber am Schluss des Essens der Kellner den Bundesrat, der die Tafelrunde eingeladen hatte, beim Ausstellen der Rechnung noch fragt: «Wie heissen Sie?», dann ist unseren tiefen Gefühlen für die Gleichheit vollends Genüge getan. Und weil wir dieses Erlebnis nicht missen möchten und das Essen gut ist, gehen wir immer etwa wieder in derselben Besetzung in dieses Lokal.

Grossgeschrieben wird in Bern aber auch die private Gastfreundschaft. Medienleute, Parlamentsangehörige, Beamtinnen und Beamte treffen sich in bunt zusammengewürfelter Mischung immer wieder zur Tafelrunde bei grosszügigen Gastgebern. Hier werden Freundschaften geknüpft, die vielleicht und hoffentlich das politische Mandat überdauern können.

Das alles ist Bern, macht aber Bern nicht aus. Wenn ich beschreiben müsste, was für mich in Bern das Schönste ist, wüsste ich sofort Bescheid. Nur mit dem Mitnehmen auf die bekannte einsame Insel hätte es seine Schwierigkeit. Das Schönste in Bern ist für mich ein Baum mit dichten grünen Blättern, an dem ich auf meinem Weg ins Parlament jeden Tag vorbeigehe. Am allerschönsten ist er im Herbst, wenn er im Licht goldfarben glänzt. Wenn ich am Morgen ins Parlament gehe, grüsse ich ihn. Wenn ich am Abend herauskomme, erinnert er mich daran, dass es nebst einem historisch-prächtigen Nationalratssaal ohne Zugang zu natürlichem Licht, nebst dem politischen und manchmal üblen parteipolitischen Hickhack, nebst dem stundenlangen Eingesperrtsein im Parlament wie in einem Langstreckenflugzeug noch anderes gibt. Einen Baum, dessen Blätter sich im kaum spürbaren Winde sachte bewegen und im Lichte golden glänzen. Mein Symbol für das andere Bern.

Mein altes Bern*

Michael Stettler
Geboren 1913 in Bern, dipl. Architekt ETH Zürich, ehem. Direktor des Bernischen Historischen Museums, Erbauer und Leiter der Abegg-Stiftung in Riggisberg. Preis des Kantons Bern 1954, Preis der Stadt Bern 1964. Ehrendoktorwürde der Universität Fribourg 1973 und der Universität Bern 1979. Ehrenbürger von Steffisburg 1993. Umfangreiches schriftstellerisches Werk.

In unseren Gefühlen für eine fremde Stadt ist Erotisches mit im Spiel; wenn wir sie durchwandern, schwingt es untergründig mit, stimmt uns abenteuerlich, entdeckungsfreudig, erwartungsbang. Von Geheimnismöglichkeiten angeweht, leise taumelnd, gehen wir herum, sind Suchende, Werbende, Liebende. Der eigenen Stadt, dem Ort des Herkommens gegenüber empfinden wir anders, minder wunderhaft; hier waltet Gewöhnung, Anhänglichkeit wie an eine Mutter oder Schwester, Vertrauen mit Aufbegehren durchsetzt, dem Abschied folgt Rückkehr, familiäre Zärtlichkeit und Resignation. So möchte hier von Gassen und Mauern die Rede sein, mit denen der Verfasser von Jugend auf und früher her vertraut und verbunden ist; er hat Mühe – und nicht, um sich ihrer zu rühmen –, unter seinen Vätern einen zu finden, der nicht aus dieser Stadt gewesen wäre. Und wird er manchmal ungehalten über die, «welche mit der Vergangenheit unserer Stadt nicht verwachsen sind, mit der Zukunft derselben nur in sehr losem Zusammenhang stehen und mithin kein Herz für sie haben», wie es in einem Nachruf auf den Christoffelturm hiess: er sühnt es mit der Scham darüber, dass andere, die dieser Stadt entstammen und mithin ein Herz für sie haben müssten, die unantastbare Ganzheit dieses Stadtbildes verkennend, sich beim Raubbau daran beteiligen.

Man wird entgegenhalten, es gebe Städte ohne Zahl auf dieser Erde: ob denn die eine so besonderes Aufheben lohne? «Das Leben muss weitergehen, das Alte fallen; eine Stadt ist kein Museum; wir Heutigen können auch etwas, übrigens ist es noch nicht so schlimm», so oder ähnlich lauten die Sirenentöne eines fortschrittlich gesinnten Provinzlertums. Am Können derer, die so reden, ist nicht zu zweifeln, nicht an ihrem Vermögen, das Stadtbild binnen kurzer Frist so herzurichten, dass man es nur am Schatten seiner früheren Gestalt erkennt. Wer sich vor Augen hält, was allein im Lauf der letzten drei Jahrzehnte, also während einer Generation, an Substanz verlorenging, zählt an den Fingern einer Hand ab, wie lange der bauliche Körper von Bern dem Schwund noch standhalten wird.

Ferdinand Hodler, der vor über hundert Jahren Geborene, hat, mit der ihm eigenen Kraft Bewunderung und Unmut mengend, seinem Biographen C. A. Loosli bekannt: «Da fragt man immer nach den Ursprüngen meiner Künsterschaft und meinen ersten künstlerischen Eindrücken. (–) Die wunderbare Schönheit der Stadt Bern, wie ich sie in meiner Kindheit erlebte, sie war es einzig und allein, die meine künstlerische Ader weckte und nährte. Das wirst du nie genug betonen können. (–) Das alte Bern war unbeschreiblich schön, und die verdammten Vandalen haben all das Schöne eingerissen und zerstört. Jede solche Zerstörung wirkte auf mich, als würde mir ein Liebes zu Grabe getragen. Die

*Auszug aus Michael Stettler, «Bernerlob. Versuche zur heimischen Überlieferung», 5. Auflage, Bern 1984, S. 189–193

heillosen Dummköpfe! Wie sollen noch grosse Künstler gedeihen, wenn man ihnen die Schönheit, wie sie die Kindheit schaut, vorwegnimmt und verschandelt? Sage das in deinem Buch immer und immer wieder: Das schöne alte Bern hat Hodler zum Künstler gemacht.»

Gewiss, man kann nicht alles verlangen; man konnte zum Beispiel den Stadtbach, der einst so fröhlich sichtbar von Brunnen zu Brunnen zog, nicht länger ungedeckt lassen; man kann nicht verlangen, dass am Fuss der Münsterplattform keine Mietskasernen sich masslos in den Blick der Stadtbetrachter auf der Kirchenfeldbrücke drängen; man kann nicht verlangen, dass eine mit Sicherheit wachsende Musikschule anderswohin zu stehen kommt als in die Altstadt, wo keine Ausdehnungsmöglichkeit besteht. Im Ernst, warum könnte man es nicht verlangen? Mein altes Bern! Darf man nicht hoffen, wünschen, fordern, dass du weiterhin die Freude einer ganzen Welt bleibest, eine Freude, der Goethe in seinem vielerwähnten Brief vom 9. Oktober 1779 an Frau von Stein für immer Wort verliehen hat, indem er sagte, dass Bern unter den Städten, die sie – Carl August und er auf ihrer Reise – gesehen hätten, die schönste sei? Die Schönste! Sollst du es nicht trotz allem bleiben, so wie du gegründet und gewachsen bist, wie Tausende und Abertausende dich sehen wollen: ein Stadtgebild, ein Kunstgebild, wie es deinesgleichen nur wenige mehr gibt, Siena vielleicht, Toledo, Brügge, nur dass du lebendiger scheinst, gegenwärtiger, weil in dir das Ringen zwischen dem Gestern und dem Heute sich immer wieder vollzieht. Wo findet man eine Stadt wie dich, in deren Plan die in der Goldenen Handfeste Friedrichs des Zweiten bekräftigte Grundstückzuteilung noch heute wahrzunehmen ist? Wo einen Gassenraum, so stolz geschwungen, so frei sich senkend, so reicher Vielfalt und einheitlichen Masses wie deine Gerechtigkeitsgasse? Mein altes Bern! Ahnt man, wieviel Können, Disziplin und guter Wille seitens aller Beteiligten, von Rät und Burgern, vom Bauherrn bis hin zum letzten Steinmetzgesellen, zusammenfinden mussten, um durch Jahrhunderte zu fügen, was beim Untergang des alten Staates jene so merkwürdig verschwiegenen Gnädigen Herren als grossartiges Erbgut uns hinterliessen? Ist jemals recht gewürdigt worden, wieviel väterliche Voraussicht und Wachsamkeit, wieviel Kraft, Würde und Sinn für Repräsentation hier am Werk gewesen sind, wieviel Bescheidung auch und Einordnung ins höhere Ganze, wieviel Aufgeschlossenheit dem Zeitgeschmack gegenüber und wieviel Formgefühl, ihn umzuprägen ins Eigene, Schlichte, in die unvertauschbar bernische Mischung aus Enge und Weite, Strenge und Wohlwollen, Anmut und Stämmigkeit, Stadt und Land, Deutsch und Welsch, so dass schliesslich am Stadtbild – das nicht in einem Tag entstanden ist, trotz des genialen Griffes in die Zukunft, als der die Wahl des Ortes sich offenbart – sich ablesen lässt, was die amtlichen Chroniken füllt. Nein, daran darf nicht jeder rütteln wollen, das darf nicht versinken. Das Leben kann auch anders weitergehen, an Möglichkeiten dazu fehlt es nicht. Die Enkel werden es uns danken, wenn wir die Stadt, die uns worden ist als Bärn, ihnen überliefern, und auch ohne diese Hoffnung müssten wir es tun. Es ist ein Auftrag, und diesen Auftrag möchte die hier angestellte Betrachtung miterfüllen helfen: wie gerne wäre sie kein blosser Schwanengesang!

Bern – *die* Stadt

Karl F. Wälchli
Geboren 1934, aufgewachsen und immer noch wohnhaft in der Gartenstadt Bern-Liebefeld. Mittelschulen in Bern. Studium (Geschichte, Latein) in Bern und Wien, Abschluss als Dr. phil. Ab 1961 Gymnasiallehrer in Bern, seit 1982 Staatsarchivar des Kantons Bern.

Für die Osmanen, die 1453 das Rom des Ostens, Konstantinopel, eroberten, war die prächtige Metropole am Goldenen Horn «die Stadt» schlechthin. Die griechische Wendung «eis tän polin» (in die Stadt hinein) wurde zum neuen Namen der Stadt: Istanbul!

Für mich, der ich am Rande des Könizbergwaldes (Gemeindegebiet von Köniz) aufwuchs und heute noch wohne, war und ist die Stadt Bern gefühlsmässig «die» Stadt. «Ich gehe in die Stadt», sagte die Mutter jeweils, «hat noch jemand etwas nötig?» Nötig war es vielleicht nicht gerade, aber Wünsche hatte ich schon; zum Beispiel eine weitere Figur für meine Soldatensammlung, die ich als kleiner Knirps mit dem Beginn der Aktivdienstzeit anzulegen begann. So eine Figur kostete etwa gleich viel wie eine Fahrt mit dem Könizer Bus in die Stadt. Konsequent, wie meine Eltern in Erziehungsfragen waren, stellten sie mich vor die Wahl: Zu Fuss in die Stadt zu gehen, und dann gab es einen Soldaten, oder aber mit dem zu Bus fahren, und dann blieb der Soldat in der verlockenden Schaufensterauslage des Spielwarengeschäftes. Für mich ergab sich so die Erfahrung, dass einem in der Stadt nichts geschenkt wurde! Das erfuhr ich in verstärktem Masse, als ich nach der vierten Primarschulklasse «in die Stadt in die Schule gehen» durfte (ins Progymnasium am Waisenhausplatz und später ins Gymnasium auf dem Kirchenfeld). Nun begann eine zweite Epoche in meinem Verhältnis zur Stadt Bern. Sie war nicht mehr bloss der Ort, wo man Kinderwünsche verwirklichen konnte; gefördert von verständnisvollen Lehrern, begann mein Interesse für die Geschichte und Kultur Berns zu wachsen, das ich dann an der Universität mit dem Studium (u.a. bei Hans von Greyerz) vertiefen konnte. Schon dem «Prögeler» öffneten hilfreiche Damen und Herren in den Lesesälen von Stadt- und Landesbibliothek den Weg zur Benützung der Lexika und zum reichen Schrifttum über Bern. Mich faszinierte der Werdegang der kleinen Reichsstadt in der Aareschlaufe zum Zentrum eines ausgedehnten Stadtstaates, zur Respublica Bernensis, die im 18. Jahrhundert im Konzert der europäischen Mächte mitspielte – nicht gerade als erste Geige, aber doch so, dass man bisweilen ihren Beitrag deutlich heraushörte.

Seit rund dreissig Jahren fühle ich mich der Stadt Bern gegenüber in einer dritten Phase der Beziehung: als Gymnasiallehrer, als Staatsarchivar dann, später als Angehöriger des Burgerrates und Mitglied einer grossen Zahl von Kommissionen möchte ich dazu beitragen, den Mitbürgerinnen und Mitbürgern – aber auch fremden Gästen – die besondere Eigenart Berns, die so sehr durch ihre historische Entwicklung geprägt ist, näherzubringen: Man schätzt, was man kennt.

Bern ist eben nicht nur das Monument, das man den Gästen stolz präsentiert, wenn man sie vom Rosengarten aus den Blick auf Türme, Kuppeln, hochragende Dächer und Brücken der Aarestadt werfen lässt. «Le génie de Berne», von dem Gonzague de Reynold, der Freiburger Patrizier, schwärmte, ist geformt durch die in Jahrhunderten gewachsene Wechselwirkung zwischen Stadt und Land. So wie die Landbevölkerung seit dem Mittelalter ihre Produkte auf dem «Bärner Märit» ausbreitet – oder im Alten Bern manch ländliches Hochzeitspaar seinen Ehebund in der grossen Kirche (im Münster) schloss, so verbrachte die politische Führungsschicht das halbe Jahr in den «Campagnen» auf dem Lande, in einem engen ökonomischen und auch menschlichen Kontakt mit der Landbevölkerung. Jeremias Gotthelf, der den Menschen des Emmentals einen Platz in der Weltliteratur sicherte, war ein Bernburger; hinwiederum hat die feinfühlige deutsche Dichterin Ricarda Huch in der Architektur der stadtbernischen Altstadthäuser einen bäuerlichen Zug verspürt. Diese enge Verbindung von Stadt und Land macht für mich den besonderen Reiz Berns aus. Wo finden wir sonst eine europäische Hauptstadt, von deren Zentrum aus man nach einer Viertelstunde Fahrt am Waldrand grasenden Rehen begegnen kann?

Ich liebe an der Stadt Bern ihr menschliches Mass. Schon Goethe hatte festgestellt, dass sogar die Staatsbauten des Alten Bern, so kostbar sie auch sein mochten, sich der «Bürgerlichen Gleichheit» einfügten, so dass sich keines «vor dem andern in die Augen würfe». In Bern fehlen uns die «grands travaux», mit denen ehrgeizige Präsidenten die Kapitale unseres westlichen Nachbarlandes herausputzen. Dabei hatte Bern – ein weiterer Grundzug seines Charakters – auch stets eine burgundische Komponente. Schon um 1380 pries ein Volkslied Bern als «Burgundens Kron». Wie Paul Hofer, der grosse Kenner der Berner Baugeschichte, nachweist, sind im Plan der Stadtanlage burgundische Einflüsse unverkennbar; Bern: multikulturell avant la lettre!

Natürlich ist mir bewusst geworden, dass eine Stadt heute nicht allein von ihrer Geschichte leben kann. Eine Stadt mit all ihren Zentrumsfunktionen muss auch finanziell überleben können, muss also über eine tragfähige Wirtschaft verfügen. Jeder, dem Bern am Herzen liegt, sollte bereit sein, auch mit seinem Portemonnaie diese Zuneigung zu dokumentieren. Es muss ja dabei nicht nur um Spielwaren gehen!

Liebes Bern

Schon mit dieser Anrede habe ich Mühe, weil sie bekanntlich von jenen Kreisen gepachtet worden ist, die aus Dir ein Museum und ein Einkaufszentrum machen möchten.

Schau, liebes Bern, obwohl ich ästhetische Qulitäten durchaus zu schätzen weiss und erkennen zu können glaube, mag ich Deine Geranien nicht und nicht Deine Fahnen. Sie lügen, denn Du, liebes Bern, bist nicht ein Fest und auch nicht ein blühender Garten der Liebe. Für ein Fest braucht es Freude und Offenheit und für die Liebe Lust und Toleranz. Aber Du, liebes Bern, bist dabei, die letzten Freiräume aufzuheben oder zumindest einzuzäunen, ein lähmendes Netz von Verboten und Vorschriften mit den entsprechenden Anregungen für Denunzianten aufzubauen und Ordnung, polizeilich kontrollierte und mit hartem Durchgreifen gestützte Ordnung, mit jener Lebensqualität zu verwechseln, die nur dort gedeihen kann, wo Gemeinschaft und Begegnung das Ziel sind. Ich will nicht verschweigen, liebes Bern, dass ich trotzdem immer noch für Dich zu hoffen wage, denn Du wirst von einer Frauenmehrheit regiert. Vielleicht wagen diese Frauen zu zeigen, dass Regieren mehr mit Dienen als mit Herrschen zu tun hat und dass eine Gemeinde nicht nach den Prinzipien eines Supermarktes verwaltet werden kann, weil sonst die Menschen zur Ware werden und Gefahr laufen, dereinst im Ausverkauf zu landen.

Mit Geranien und Fahnen putzt Du Dich sonntäglich heraus, liebes Bern, doch meistens ist es Werktag in Deinen Mauern, und immer weniger Berner und Bernerinnen haben Grund zu feiern. Der abbröckelnde Sandstein und sein mildes Graugrün, das in der Sonne sogar zu einem warmen Oliv werden kann oder in goldenen Ocker zu spielen vermag, passt besser zu Dir als falscher Schmuck. Oder willst Du mit der Pracht noch unterstreichen, dass Du vor allem Deine Fassaden geschützt hast, Dein Postkartenkleid, und preisgibst, was an Geschichte, was an Leben und an Seele dahinter zu finden wäre?

Liebes Bern, man spricht schlecht von Dir. Was de Berne, da Berna oder eben von Bern kommt, ist nicht beliebt. Du bist wohl Bundesstadt, doch verbindend wirkst Du nicht. Du trägst die Ehre wie eine Last. Und die Beamten, welche zu Dir ziehen müssen, werden hineingezogen in Deine Lethargie. Es ist ungerecht, ihnen die Schuld an Deinem schlechten Ruf zuzusprechen, denn viele von ihnen würden gerne die verkrusteten Ordnungen aufbrechen und aus der papierenen Schweiz wieder eine lebendige und lebenswerte machen. Doch Du, liebes Bern, verharrst in Schweigen und beschränkst Dich darauf, für die Diplomaten die Strassen zu wischen, wenn nötig die roten Teppiche auszurollen und eben die Fahnen hinauszuhängen und die Geranien aufzustellen. Richtig, sie sind auch für die Touristen,

Fred Zaugg
Geboren 1937 in Bern, arbeitet als Kulturredaktor an der Berner Tageszeitung «Der Bund». Nach zehnjähriger Lehrer- und Zeichenlehrertätigkeit wendet er sich dem Kulturjournalismus in verschiedenen Sparten zu, vor allem der Kunst- und Filmkritik.

die Du aber eigentlich auch nur gern hast, weil sie Geld bringen, denn Du machst es ihnen nicht leicht bei Dir. Gastfreundschaft ist anders. Es gibt nicht bloss Sexismus, sondern auch Rassismus und Faschismus in Deinen Mauern – und damit auch Angst.

Liebes Bern, Meret Oppenheim hat vor Jahren einen Leuchtturm in Deine Mitte gestellt, von Wasser umflossen, von Pflanzen umrankt, aufragend aus der Erde und gekrönt mit einem kleinen Licht. Leuchttürme werden dort gebaut, wo es einen Hafen gibt für Fremde wie für Heimkehrende, für alle, die unterwegs sind; aber sie stehen auch dort, wo es gilt, Klippen zu umschiffen, um den Kurs fortsetzen zu können, den Kurs in die Zukunft, zu neuen Horizonten. Viele mögen dieses Zeichen einer Frau mitten in der herausgeputzten Stadt nicht, und sie entladen ihren Frust, der ganz andere Gründe hat, an diesem Kunstwerk zwischen Leuchtturm, Brunnen und Freiheitsbaum, das sinnvollerweise vor der Polizeikaserne steht, die einst als Waisenhaus gebaut worden ist und an das Kunstmuseum grenzt, ganz abgesehen von den flankierenden Schulhäusern. Ein Gast meinte angesichts dieser Situation, es scheine, als seist Du, liebes Bern, nach anarchistischen Prinzipien organisiert, bis ich ihn dann hinüberführte auf den nachttoten Bundesplatz mit dem von Banken belagerten Regierungspalast. Von hier aus ist es schwierig, den Leuchtturm zu sehen, aber er müsste ohnehin in den Köpfen sein, liebes Bern, wenn Du uns und vielleicht ein wenig der ganzen Welt – wenn dies nur nicht so überheblich klingen würde, meine ich es doch ohne jede Anmassung – das geben würdest, was eigentlich von einer Bundesstadt im Herzen Europas erwartet werden muss: den Puls des Lebens und der Menschlichkeit für die Zukunft. Dazu braucht es weder Geranien noch Fahnen, sondern bloss Mut. Du hast Deine Stadtmauern im Zeichen einer neuen Zeit gründlich niedergerissen, liebes Bern, nun gilt es, auch die verbleibenden Festungen in den Köpfen zu schleifen.

Du könntest die schönste Stadt sein, liebes Bern, auch ohne Geranien und Fahnen, wenn Du jenen Menschen folgen würdest, die Ausgegrenzten Raum geben, Süchtigen eine Mahlzeit kochen, homosexuelle Paare segnen, Andersfarbigen die Hand reichen, für das Leben eines Baumes kämpfen und sich letztlich der eigenen Mischung bewusst werden, jenen Menschen, die in sich hineinhören, statt Parteiparolen und Wirtschaftsspekulationen zu folgen, jenen Menschen, für die Verantwortung nicht vom Gewissen getrennt werden kann. Liebes Bern, ich wünsche mir eine Zukunft für Dich und für mich, da ein buntes Blühen auf den Fenstersimsen und farbige Tücher von Freude und Freundschaft, Liebe und Lebenslust zeugen, von einer gedeihenden Kultur, die alle erfasst.

Herzlich und trotz allem hoffnungsvoll *Fred Zaugg*

Brunngasse

Marktgasse

Helvetiaplatz

AXI

◁◁ Brunngasshalde

Schlatt ob Schliern

Markt auf dem Bundesplatz

Autobahnviadukt Felsenau

Gleisfeld Hauptbahnhof Bern

Bei Oberulmiz

Bei Schlosswil

◁◁ Dächer Postgasse – Gerechtigkeitsgasse – Junkerngasse

Mosesbrunnen Münsterplatz

Münsterportal

Marzilibad

Grand Prix, Berner Stadtlauf

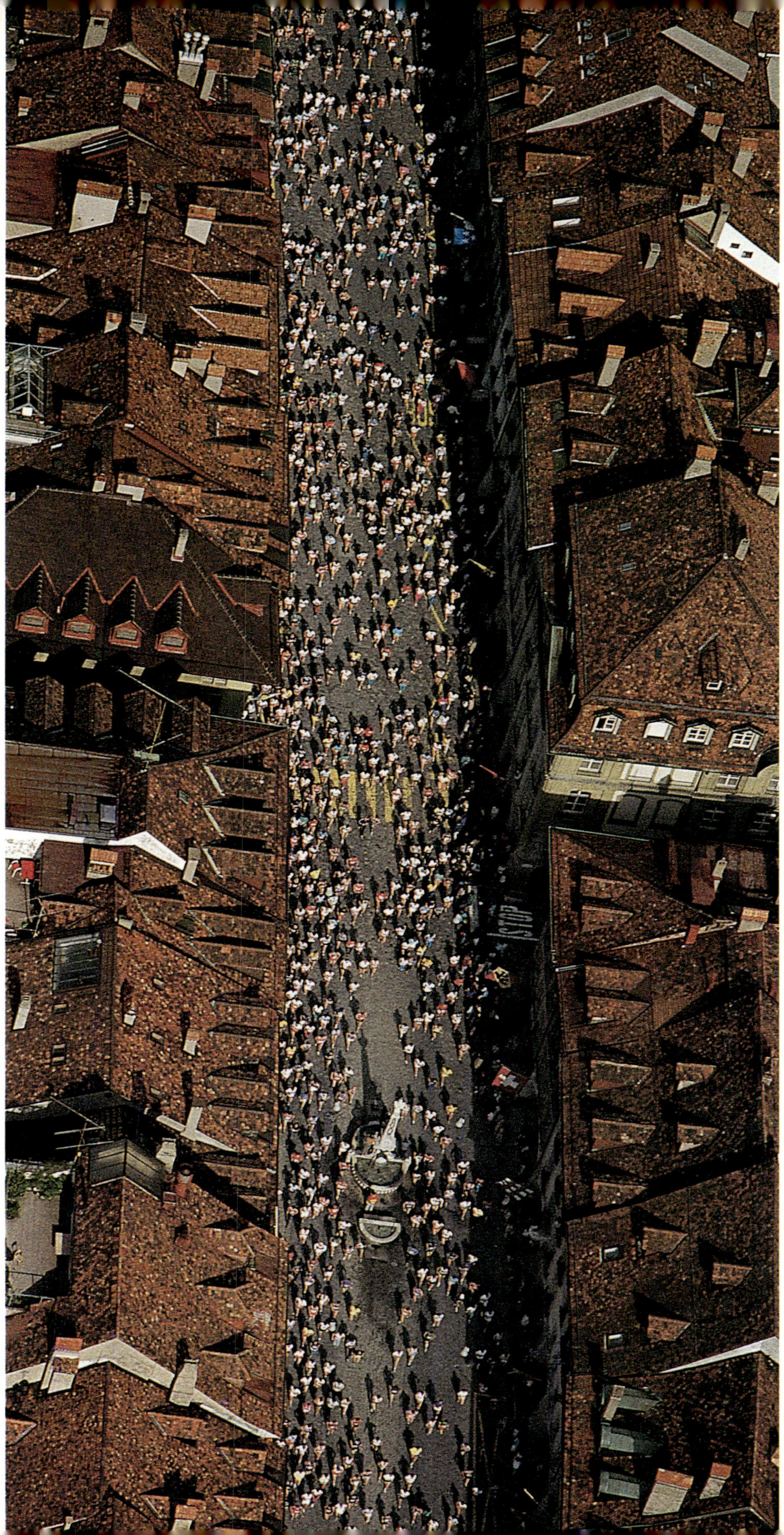

Bärengraben

Arroz marinera im Restaurant Commerce

Bei Münchenbuchsee

Karten der Paul-Klee-Sammlung,
Kunstmuseum Bern

Bei Utzigen

Gerechtigkeitsgasse

Gerechtigkeitsgasse – Kramgasse

Berner Kantonalbank

Münsterplattform

Altstadt

Bümpliz

Altstadt mit Rathaus

Bundeshaus, Belpberg, Berner Alpen

Schwellenmätteli

Schloss Worb

Burgerspital – Hauptbahnhof

Schloss Gümligen

Bei Kühlewil

Uni-Tobler

Universität

ärenplatz
litäten
LIMELITE

Bärenplatz

Kulturfuttermühle Hunziken

Kirchenfeldbrücke

Aare bei Muri

Erlacherhof

Brunnadernstrasse, Elfenau

Kornhausbrücke – Stadttheater

Münster – Könizbergwald

Wohlensee

Untertorbrücke – Nydeggbrücke

Nydeggstalden – Nydeggkirche